AF368740

EDICIONES UNIVERSIDAD CATÓLICA DE CHILE
Vicerrectoría de Comunicaciones
Alameda 390, Santiago, Chile

editorialedicionesuc@uc.cl
www.ediciones.uc.cl

ENSEÑAR A LEER Y ESCRIBIR EN EDUCACIÓN INICIAL
Paz Baeza Bischoffshausen
María Cristina Solis Zañartu
Emy Suzuki Sone

© Inscripción N° 261.935
Derechos reservados
Marzo 2016
ISBN N° 978-956-14-1735-9

Diseño: Francisca Galilea

CIP-Pontificia Universidad Católica de Chile
Solis Zañartu, María Cristina, 1953-
Enseñar a leer y escribir en educación inicial / María Cristina Solis
Zañartu, Emy Suzuki Sone, Paz Baeza Bischoffshausen.
1.   Alfabetización (educación).
2.   Adquisición del lenguaje.
3.   Artes del lenguaje (Educación temprana de niños).
I.   t.
II. Suzuki Sone, Emy.
III. Baeza Bischoffshausen, Paz.
2016   372.21 + DDC23   RCAA2

Este libro contó con el apoyo de la Vicerrectoría Académica, a través del Fondo de Desarrollo
de la Docencia (FONDEDOC)

ENSEÑAR A LEER Y ESCRIBIR EN EDUCACIÓN INICIAL

María Cristina Solís Zañartu

Emy Suzuki Sone

Paz Baeza Bischoffshausen

EDICIONES UC

AGRADECIMIENTOS

Queremos agradecer al Programa AILEM UC que nos ha permitido desarrollar e implementar esta propuesta en el nivel inicial; a nuestros compañeros de ruta que con su visión y discusiones permanentes nos han permitido seguir enriqueciendo este modelo de enseñanza; a los profesores de las escuelas con quienes compartimos el amor por enseñar y que generosamente nos abrieron las puertas de sus aulas para aplicar e implementar esta propuesta desde el año 2007; a los niños del nivel inicial que aprendieron a leer y a escribir junto a sus profesores y a nosotros; a nuestros estudiantes que con sus reflexiones y aportes nos permitieron optimizar nuestra forma de enseñar.

Esperamos que este libro sea un viaje compartido para introducir a los niños en el fascinante mundo de las letras.

ÍNDICE

INTRODUCCIÓN 11

CAPÍTULO I: FACTORES CLAVES PARA ENSEÑAR A LEER Y ESCRIBIR 15

- Componentes de la alfabetización inicial 19
- Aproximación y motivación a la lectura y la escritura 23
- Comprensión de lectura en la etapa de alfabetización inicial 24

CAPÍTULO II: DESARROLLO DE LA COMUNICACIÓN ORAL EN EL NIVEL INICIAL 27

- Etapas en el desarrollo del lenguaje oral 30
- Componentes del lenguaje oral 31
- Enseñanza de la comunicación oral 33
- Actividades para el desarrollo de la lengua oral 39
- Progresión de aprendizajes en comunicación oral en la educación inicial 45
- Evaluación de la comunicación oral 46

CAPÍTULO III: DESARROLLO DE LA LECTURA EN EL NIVEL INICIAL 49

- Componentes claves conducentes a la adquisición de habilidades para la lectura y escritura 52
- Las etapas en el desarrollo de un lector 59
- Sugerencias de actividades para fomentar la lectura en el aula 61
- Evaluación de la lectura 64

CAPÍTULO IV: DESARROLLO DE LA ESCRITURA EN EL NIVEL INICIAL   **71**

- Etapas del desarrollo de la escritura   75
- Estrategias para apoyar el desarrollo de la escritura inicial   77
- Componentes claves del proceso de aprender a producir textos   80
- Sugerencias de actividades para fomentar la escritura en el aula   89
- Contextos para el desarrollo de la escritura   92
- Progreso de la escritura en educación inicial   99
- Evaluación de la producción escrita   101

CAPÍTULO V: UNA PROPUESTA PARA ENSEÑAR A LEER Y ESCRIBIR EN EL NIVEL INICIAL   **107**

- Modelo de enseñanza de la lectura y escritura del Programa AILEM UC-UC   109
- Características del Programa AILEM UC   110
- Estrategias del Programa AILEM UC-UC   112
- Cómo se implementan las estrategias   124

CAPÍTULO VI: SECUENCIAS DIDÁCTICAS PARA ENSEÑAR A LEER Y A ESCRIBIR   **141**

- Secuencia Didáctica 1   144
- Secuencia Didáctica 2   160
- Secuencia Didáctica 3   183
- Secuencia Didáctica 4   195

REFERENCIAS BIBLIOGRÁFICAS   **207**

INTRODUCCIÓN

*E*nseñar a leer y a escribir en Educación Inicial *es un texto que aborda tanto los aspectos teóricos que constituyen el marco referencial de esta propuesta, como también sugerencias de actividades para la enseñanza de la lectura y escritura en el nivel inicial, a partir de un modelo de enseñanza equilibrado. La diferencia de esta propuesta con otras que también trabajan con un modelo de enseñanza equilibrado, lo constituyen sus nueve estrategias (lectura en voz alta, lectura compartida, lectura guiada, lectura independiente, escritura modelada, escritura interactiva, escritura guiada, escritura independiente y centros de aprendizaje) las que favorecen significativamente la comprensión de lectura y producción de textos escritos.

En este texto los educadores podrán encontrar una propuesta para desarrollar las competencias orales, de lectura y de escritura en alumnos de educación inicial. Se entregan, además, recursos que responden a los actuales enfoques de enseñanza de la lengua, utilizados internacionalmente en este nivel. La implementación de la misma se ilustra con fotografías que orientarán al profesor en cuanto a su utilización en aula.

Este libro está estructurado en seis capítulos que abordan los aspectos teóricos y prácticos de la enseñanza de la lectura y escritura en el nivel inicial.

El capítulo uno hace referencia a la alfabetización inicial, sus factores como etapa clave para el aprendizaje de la lectura y la escritura formal y las competencias que deben desarrollarse en esta etapa.

El capítulo dos presenta la enseñanza y aprendizaje de la comunicación oral. En este apartado se aborda el desarrollo del lenguaje oral, sus componentes, la enseñanza de la comunicación oral en el nivel inicial, además de sugerencias de actividades para su desarrollo y algunos instrumentos para su evaluación.

El capítulo tres desarrolla la enseñanza y aprendizaje de la lectura, abordando los componentes claves conducentes a la adquisición de habilidades para la lectura y sus indicadores de desempeño. Presenta, además, varias sugerencias para fomentar la lectura en el aula y algunas pautas de evaluación.

El capítulo cuatro se refiere a la enseñanza y aprendizaje de la escritura. En este capítulo se abordan las etapas del desarrollo de la escritura, se presentan variadas estrategias para apoyar el desarrollo de la escritura inicial, se presentan, además, las competencias involucradas en el proceso de aprender a producir textos, para finalizar entregando diversas actividades para fomentar la escritura en el aula y formas de evaluación de la producción escrita.

En el capítulo cinco se entregan los fundamentos que sustentan el Programa AILEM UC y las características del mismo. Además, se explican en detalle cada una de las estrategias sugeridas para enseñar a leer y a escribir.

En el capítulo seis se presentan cuatro unidades secuencias didácticas diferentes para enfrentar el proceso de enseñanza aprendizaje de la lectura y escritura en el nivel inicial. En este capítulo, el educador podrá encontrar numerosas sugerencias de actividades y recursos que le permitirán comprender claramente la forma de abordar este proceso con un enfoque equilibrado de enseñanza.

Este texto está dirigido a educadores de párvulos, profesores de educación básica que realizan clases en 1º y 2º año básico, psicopedagogos y educadores en general que deseen promover un aprendizaje de la lectura y escritura con un modelo equilibrado de enseñanza.

CAPÍTULO I

FACTORES CLAVES PARA ENSEÑAR A LEER Y ESCRIBIR

Aprender a leer es ir afinando los mecanismos de diálogo con los textos de la cultura para construir sentidos vitales y transformadores como tarea permanente del sujeto, que se inicia desde la cuna y que, durante los primeros años, provee el sustrato básico para que cada persona pueda desarrollar, a lo largo de las distintas etapas de la vida, alternativas cada vez más ricas y diversas para su crecimiento continuo como lector interpretativo, sensible, crítico y creador, lo cual incluye, por supuesto, la posibilidad de ser autor y coautor, e involucra a la escritura como parte indisoluble del proceso, en tanto que el sujeto participa de una permanente actividad de creador, y no simplemente de receptor pasivo.

(Yolanda Reyes, 2007).

La alfabetización inicial es un proceso mediante el cual el niño construye los conceptos sobre las funciones de los signos (letras y números) y del material impreso que lo rodea. Este conocimiento está basado en las experiencias lingüísticas significativas facilitadas por interacciones con adultos y con el medio.

Esta visión plantea que los niños al ingresar al colegio ya poseen una rica y sofisticada experiencia acerca de lo impreso.

Este proceso ha sido llamado de diferentes maneras a través del tiempo. En un comienzo fue denominado "alfabetización emergente", dada la tendencia, tanto de investigadores como de las reflexiones que realizan los educadores a partir de su propia práctica docente, al percibir que desde el interior de los niños surge la necesidad de la lectura, la escritura y la matemática. Esta postura resalta la importancia de un nutrido ambiente letrado que brinda variedad de oportunidades de interacción con la lectura y la escritura (Sulzby, 1989).

Koenig (1992) indicó que la alfabetización emergente "se caracteriza por el desarrollo temprano de entender que los símbolos abstractos tienen significado y que la gente utiliza estos símbolos para la comunicación de ideas" (p. 279).

Actualmente, y a partir de un enfoque sociocultural, se utiliza el término *literacidad*, que tiene un sentido más amplio, va desde la correspondencia fonema grafema, hasta el manejo del código escrito, los géneros discursivos, los roles del autor y del lector, las formas de pensamiento, la identidad como individuo social, los valores y representaciones culturales (Cassany, 2006).

Guemes (2012) señala que el enfoque Pisa agregó la noción de "estar literalizado", lo que significa tener un conocimiento tal de los textos que se encuentran en la vida cotidiana, que se puede interactuar con ellos para extraerles el máximo de información.

Sin embargo, la alfabetización y la literacidad no son contrarios, están unidos porque esta última no podría existir sin la primera, es decir, es fundamental lograr la automatización alfabética para poder leer en forma comprensiva la variedad de textos continuos y discontinuos existentes actualmente.

El proceso de alfabetización comienza con el nacimiento, implica todos los aspectos del desarrollo de un niño, y continúa a través de la vida (Clay, 1991; Neuman y Roskos, 1993; Rex et al., 1994; Strickland y Morrow, 1989). Se inicia con las interacciones no verbales del niño y verbales tempranas con otros, el conocimiento del ambiente, y sus exploraciones.

Continúa a medida que va desarrollando su lenguaje y lo utiliza de manera intencional, aumentan sus exploraciones y construye conceptos. Progresa en la medida en que el niño va logrando una comprensión de las funciones de los símbolos y de la lengua (Clay, 1991; Neuman y Roskos, 1993), tiene experiencias con los libros y los materiales impresos (Clay, 1991;), y experimenta con la escritura (Gibson, 1989; Harste y Burke, 1988). Fuera de estas experiencias, el niño construye gradualmente conceptos sobre la lectura, la escritura y los números.

El foco de este proceso está en el aprendizaje más que en la enseñanza, está en el niño como principiante activo (Hiebert y Fisher, 1990; Sulzby, 1989), por lo tanto, el papel del adulto es facilitar y ampliar el aprendizaje que el niño ha iniciado (Vygotsky, 1981), proporcionándole múltiples experiencias de usar la lectura, la escritura y la matemática en contextos significativos de su vida cotidiana.

Por cierto, podemos señalar que numerosas investigaciones han verificado que cuando no se desarrolla la alfabetización en el Nivel Inicial, el aprendizaje de la lectura y la escritura se ve perjudicado. Hay evidencias que demuestran que los niños que no son buenos lectores a fines de tercer año básico no pueden ponerse al día con sus compañeros. La Dra. Connie Juel, de la Universidad de Virginia (2009), encontró que los alumnos de primer año básico que no habían alcanzado al final del año escolar el nivel de lectura y de escritura correspondiente a su curso, no lograban recuperar el tiempo perdido y no podían igualarse con sus compañeros de curso en los años siguientes.

Por otra parte, los niños que viven en ambientes poco estimulantes, no tienen la oportunidad de escuchar un lenguaje rico en expresiones, sus conocimientos previos en relación a los cuentos, la lectura y la producción de mensajes escritos son escasos; sin una intervención eficaz, esta «brecha de la alfabetización» iría en aumento en la medida en que transcurran los años.

Los investigadores afirman que hay abundante evidencia empírica y de observación directa de que los niños que son especialmente propensos a tener dificultades para aprender a leer y a escribir en primer año básico, son estudiantes que comienzan su vida escolar con menos conocimientos previos y menos habilidades relacionadas con la alfabetización inicial.

COMPONENTES DE LA ALFABETIZACIÓN INICIAL

A lo largo del currículo escolar se va desarrollando un amplio conjunto de competencias en la medida en que los estudiantes participan en contextos de aprendizaje auténticos, relevantes y significativos. A nuestro parecer, y de acuerdo con la literatura relacionada con el tema, existiría una serie de competencias y subcompetencias claves en lectura, producción escrita y comunicación oral; cuyo desarrollo en la etapa de alfabetización inicial sería determinante para el logro de un aprendizaje exitoso de la lectura y de la escritura.

■ CONOCIMIENTO ACERCA DE LO IMPRESO

Es el proceso mediante el cual los niños se familiarizan con el lenguaje impreso de todo el ambiente letrado y numerado que los rodea. Es el conocimiento inicial del lenguaje escrito e incluye aprender que lo escrito es permanente, organizado y sirve para un propósito. Implica conocer el material impreso y las funciones que cumplen los diferentes textos en la vida diaria.

Para desarrollar el conocimiento acerca de lo impreso en los niños, es importante trabajar el reconocimiento de diferentes tipos de textos, sus características y funciones y propiciar actividades para que interpreten signos escritos tales como: identificar letras en palabras escritas, diferenciar entre palabras, números, letras y dibujos, demostrar que se lee de izquierda a derecha y de arriba hacia abajo, mostrar un título, identificar portada de libro, autor, reconocer signos de puntuación, primera palabra de un escrito, entre otras.

■ CONOCIMIENTO DEL ALFABETO

Se refiere "a conocer los nombres y los sonidos de todos los signos gráficos de la lengua, como mayúsculas y como minúsculas" (Villalón, 2008). Numerosos estudios han identificado este aspecto como un predictor importante en el aprendizaje exitoso de la lectura, por lo que se espera que los niños al ingreso a primero básico reconozcan todas las letras del alfabeto.

El alfabeto es la forma de plasmar gráficamente la lengua oral y poder dejar registrado el conocimiento que va desarrollando el ser humano. Su conocimiento nos permite leer y escribir y, por tanto, comunicarnos a nivel escrito.

Es importante que en la sala de clases existan varios alfabetos, entre los cuales puede haber uno creado por los niños con la educadora, otro sólo con las letras mayúsculas y minúsculas, otro con letra mayúscula y minúscula acompañados de una ilustración y el nombre de ella. También es necesario contar con letras móviles en mayúscula y minúscula, pizarras magnéticas en que se puedan pegar letras, el abecedario en goma eva para encajar y el alfabeto en la mesa de los niños.

■ CONCIENCIA FONOLÓGICA

Es el conocimiento consciente que el sujeto tiene de las propiedades fonológicas de su lengua. Esto le permite identificar y discriminar los sonidos en las palabras, dividir las palabras en componentes más pequeños y manipularlos para formar nuevas palabras. La conciencia fonológica es parte de la conciencia metalingüística, que es la capacidad de reflexionar sobre las características de la lengua (Defior, 2006).

El desarrollo de la conciencia fonológica implica que los niños realicen diferentes tipos de tareas descritas por Defior (1996) de la siguiente manera:

- Juzgar la duración acústica de las palabras.
- Identificar las palabras de una frase.
- Reconocer una unidad de habla en palabra.
- Reconocer o reproducir rimas.
- Clasificar palabras por sus unidades.
- Sintetizar o mezclar unidades para formar palabras.
- Aislar una unidad de una palabra.
- Contar las unidades de una palabra.
- Descomponer una palabra en sus unidades.
- Añadir una unidad a una palabra.
- Sustituir una unidad de una palabra por otra.
- Suprimir una unidad de una palabra.
- Especificar la unidad que ha sido suprimida en una palabra.
- Invertir el orden de unidades de una palabra.

En suma, todas estas tareas contribuyen a que el niño tenga conciencia de la palabra, discrimine sonidos, segmente fonémicamente y manipule las distintas unidades para formar otras.

■ CONCIENCIA SEMÁNTICA

Es la capacidad para otorgar significado a las palabras y para usarlas adecuadamente de acuerdo con el contexto. La conciencia semántica se trabaja en forma paralela al conocimiento léxico y sintáctico.

Es importante proporcionar al niño diversas experiencias con el mundo que lo rodea acompañado con un adulto que lo guíe en el conocimiento de nuevas palabras y que le dé significado, de modo tal que logre ampliar su repertorio oral y comprender las palabras que conforman los textos escritos.

Es así que las experiencias vivenciadas por los niños les permitan conocer nuevas palabras, establecer relación entre grupos de palabras, formar familias de palabras (léxicas, semánticas), identificar sinónimos y antónimos.

En la sala de clases es recomendable contar con una pared de palabras en la cual se vayan agregando poco a poco aquellas que los niños van conociendo a partir de las lecturas y de la interrogación de textos. También se puede crear con ellos un diccionario ilustrado en el cual aparezca una palabra y ellos dibujen su significado o peguen un recorte que la represente; o también el libro de las letras (el libro de la a...) donde los niños realicen dibujos de objetos que comiencen con esa letra y escriban la palabra correspondiente o que escriban palabras que comiencen con una letra determinada.

En esta etapa, resulta muy adecuado trabajar con los opuestos realizando actividades de dramatización de acciones contrarias, por ejemplo: reír-llorar, sentarse-pararse, escribir-borrar. También se pueden utilizar tarjetas que representen ubicaciones opuestas: dentro-fuera, arriba-abajo, o que lo representen con el cuerpo, entre otras maneras.

■ CONCIENCIA SINTÁCTICA

Es la capacidad para reflexionar acerca de la estructura gramatical y el orden que tienen las palabras en nuestra lengua, lo que permite conformar un mensaje coherente. Es decir, la capacidad para reflexionar y tener claridad en aspectos tales como la concordancia número y género, el orden y combinación de las palabras para que el mensaje pueda ser entendido por otros.

Es una habilidad metalingüística que concierne a la capacidad de considerar la estructura de la sintaxis más que el significado de las oraciones, y es usada para decidir si las construcciones gramaticales son adecuadas (Oakhilli y Cain, 2005, Cain, 2007).

Actividades tales como contar el número de palabras de la oración representándola, mover las palabras de una oración conservando el sentido, añadir más palabras a frases u oraciones modificando su significado, descubrir un segmento oral diferente en el contexto de una frase, completar oraciones en forma oral, construir oraciones a partir de láminas, practicar la concordancia de género y número, constituyen, sin lugar a dudas actividades relevantes que favorecerán más adelante la producción escrita de los alumnos.

APROXIMACIÓN Y MOTIVACIÓN A LA LECTURA Y LA ESCRITURA

Sumado a los componentes anteriores es importante considerar las actitudes que los niños tienen para acercarse a la lectura y la escritura. La motivación es el motor, el punto de partida para cualquier aprendizaje. La motivación por la lectura depende de varios factores entre los cuales se puede mencionar el contar con un adulto que le lea en forma frecuente y modele el gusto por la lectura, además de ofrecer diferentes tipos de textos que permitan al niño descubrir sus propios intereses y preferencias. Es importante que los educadores diseñen muchas actividades para que los niños exploren libros y jueguen a leer.

También está relacionado con su interés por expresar por escrito lo que ven, escribir mensajes, tomar un lápiz para realizar sus primeros garabatos, imitar cómo escriben los adultos, etc.

Para que logremos crear esta motivación por leer y escribir, es necesario que los adultos, educadores y padres de familia:

- Expongan a los niños a material impreso variado, entre ellos libros, cuentos, poesías, revistas, periódicos, recetas, entre otros.

- Apoyen las iniciativas de los niños para escribir, leer, dibujar o pintar con material pertinente.

- Lean con sus hijos o alumnos las producciones que hayan realizado (notas informativas, poesías, trabajos o proyectos) valorando siempre positivamente su esfuerzo.

- Acepten las producciones de los niños como su forma de comunicarse desde la etapa en que se encuentran y no como errores que han cometido; en un comienzo serán garabatos, luego algunas letras sueltas, pero que sí tienen un propósito comunicativo.

- Continúen leyéndoles en voz alta aunque vean que los niños son capaces de hacerlo por sí mismos.

- Lean junto con los niños los textos de la vida diaria que se encuentran en la calle, en centros comerciales, consultorio, supermercado, entre otros.

COMPRENSIÓN DE LECTURA

En las primeras etapas del aprendizaje de la lectura los niños son capaces de hacer predicciones sobre las acciones que realizarán los personajes y sus características, los hechos relevantes y sus contextos. Esta interrogación del texto como estrategia implica el procesamiento de la información antes, durante y después de la lectura a través de preguntas realizadas por el educador mientras lee en voz alta.

También los niños tendrán la ocasión de parafrasear el contenido del cuento, es decir, narrarlo con sus propias palabras, dando su opinión en relación con lo escuchado, manifestando agrado o desagrado y fundamentando sus aseveraciones. Resulta de vital importancia generar espacios para que los niños interactúen con los libros y tengan la ocasión de compartir y expresar sus sentimientos, emociones y opiniones en relación con las experiencias vividas a partir de un cuento, un poema u otro tipo de texto.

A modo de sugerencia, cabe señalar que es muy importante respetar los tres momentos de una narración o de una lectura realizada en voz alta.

EL ANTES constituye el instante para captar el interés del auditor, crear expectativas, determinar cuáles son sus conocimientos previos, realizar predicciones en torno a la temática, al título o a la ilustración que aparece en la portada del libro. Es el momento mágico en que se establece una relación entre el lector o narrador y el pequeño auditor, en que juntos inician una nueva aventura.

EL DURANTE es el momento que permite viajar a través de la imaginación, visualizando lugares, personajes, sintiendo olores, estableciendo conexiones con otros cuentos o con situaciones que le ha tocado ver o experimentar al auditor; es el minuto para confirmar o rechazar predicciones y volver a formular nuevas, además de clarificar términos desconocidos que dificultan la comprensión.

EL DESPUÉS no es sólo el lapso para gozar, decantar lo escuchado, recordar aquella frase que nos gustó, para hojear el libro o, por último, para no hacer nada, sino que es el momento en que el profesor debe intencionar actividades que ayuden al estudiante a profundizar la comprensión de lo leído y a desarrollar su capacidad analítica, crítica y su creatividad. La construcción de la comprensión de un texto no termina cuando se lee la última palabra.

Algunas experiencias que se pueden realizar después de leer son orientar al niño para que establezca relaciones entre el texto leído y otros libros o situaciones, que comparta su opinión del texto con sus compañeros o que parafrasee la historia escuchada.

Se desprende de la investigación sobre alfabetización inicial, que las experiencias importantes relacionadas con la lectura y la escritura comienzan muy temprano en la vida de un niño. Es por esto, que si se desarrollaran adecuadamente las competencias propias de esta etapa en el inicio de la escolaridad formal, se reduciría considerablemente el número de niños con dificultades de lectura y escritura y, por lo tanto, la magnitud del problema que actualmente enfrentan las escuelas.

CAPÍTULO II

DESARROLLO DE LA COMUNICACIÓN ORAL EN EL NIVEL INICIAL

"La comunicación oral es de importancia fundamental para este nivel. Los niños y niñas que ingresan a la Educación General Básica llegan con una capacidad de comunicación oral que les permite desempeñarse adecuadamente en su mundo. Entienden lo que se les dice, expresan sus sentimientos, narran hechos y muestran una gran gama de diferentes destrezas lingüísticas en el lenguaje familiar. En este nivel, la escuela debe enriquecer esta situación de ingreso, aceptando el lenguaje familiar como la base necesaria para llevar paulatinamente a los niños y niñas hacia el lenguaje formal".

Mineduc, 2002.

La adquisición del lenguaje oral es un proceso natural para los niños, habitualmente sucede sin mayor esfuerzo y la habilidad para hablar va creciendo con la edad, pero eso no significa que lo puedan hacer en forma efectiva, es fundamental potenciar el habla mediante experiencias significativas que les permitan comunicarse en forma eficaz, todo esto requiere atención y práctica constante.

Si bien el lenguaje es una capacidad de los seres humanos, los niños necesitan del medio para poder desarrollarlo. Un niño aprende a hablar porque otros le hablan y también porque él escucha hablar. La lengua que él escucha es anterior a su existencia como individuo y él debe apropiarse de un instrumento arbitrario y convencional que las personas de su comunidad y su grupo cultural han construido; entonces para hacer suya esta herramienta, necesariamente debe participar de situaciones reales de comunicación (Bigas y Correig, 2001).

Al ingreso al sistema escolar, el niño sabe que el lenguaje le sirve para diferentes propósitos, tales como satisfacer necesidades, influir sobre el comportamiento de otros, relacionarse con otros, comunicar sus experiencias y conocimientos. También se da cuenta de las distintas expresiones que se utilizan según requerimientos específicos (agradecer, alabar, ordenar, etc.), todo lo cual lo adquiere en forma espontánea en sus intercambios lingüísticos con personas de su medio (Rodríguez, 1995).

ETAPAS EN EL DESARROLLO DEL LENGUAJE ORAL

El lenguaje es un instrumento complejo; llegar a ser un hablante competente requiere del dominio de aspectos fonológicos, semánticos, sintácticos y pragmáticos que el niño deduce de la lengua de los adultos y lo logran en el tiempo, por consiguiente la interacción con los adultos es fundamental para que progrese en el uso de su lengua.

En el desarrollo del lenguaje se distinguen dos etapas. ***La primera etapa es la pre verbal o pre lingüística*** presente en los dos primeros años de vida, en la cual el niño busca la comunicación con las personas que lo rodean, en un comienzo a través de llantos, sonrisas, movimientos, gestos, sonidos guturales, murmullos, y más adelante realiza sonidos vocálicos, palabras o combinaciones de dos o tres palabras. Los adultos se transforman en una fuente de estímulos y afecto que median el desarrollo del lenguaje.

En esta etapa, la capacidad del niño para comprender el habla adulta es mayor que la de expresión, entiende más de lo que suponen los adultos; alrededor de los 12 a 18 meses, dice sus primeras palabras que tienen una función de frase y entre los 20 y 24 meses el léxico aumenta y el proceso de adquisición y desarrollo del lenguaje oral se acelera. Los adultos que rodean al niño son fundamentales en esta etapa porque le brindan oportunidades de interacción verbal, las que gatillan la necesidad del niño por comunicarse.

La segunda es la etapa lingüística o verbal, en la cual el niño ya demuestra poseer un lenguaje comprensible, diferencia fonemas, asocia palabras con elementos cercanos, inventa palabras nuevas y esto le permite participar en contextos de interacción más variados que también le exigen mayores destrezas para darse a entender y negociar significados.

Alrededor de los cuatro años, el niño descubre el valor del lenguaje como instrumento de comunicación y siente interés y placer por hablar, ya se expresa con bastante precisión, en tanto que a los cinco años el lenguaje anticipa la acción, no tiene dificultades para comprender y expresarse en contextos variados y es capaz de analizar la secuencia fónica, proceso básico para el aprendizaje de la lengua escrita (Bigas y Correig, 2001).

El niño, poco a poco, va ampliando su repertorio para, alrededor de los siete años, dominar todos los sonidos y articulaciones con algunos errores morfológicos y sintácticos (Díaz, Q., M., 2009). El avance en el lenguaje, en ambas etapas, comprende tanto la capacidad de expresión oral de los niños como su capacidad de comprensión del discurso hablado.

Pero además, el habla es un instrumento de aprendizaje, a través del cual se reflexiona, se organizan acciones, se resuelven problemas, se regula el comportamiento de los demás. Desde esta perspectiva, la competencia oral es considerada predictiva para el aprendizaje de la lectura y escritura y provee las bases para el desarrollo del lenguaje y del pensamiento. A través del habla los niños aprenden a organizar su pensamiento y sus ideas, por lo tanto es indispensable enseñarlo en forma sistematizada y explícita.

Si bien es cierto, el medio influye sobre los patrones de lenguaje que el niño trae, la escuela debe ayudar a perfeccionarlos; lo que se realiza en el aula debería tener como propósito construir conocimiento acerca del lenguaje receptivo y expresivo (Kirkland y Patterson, 2005). La ampliación de la comunicación oral se debe comenzar en los primeros años, dando amplias oportunidades a los niños para que escuchen y hablen sobre situaciones personales, de su vida escolar y social.

Para la mayoría de los niños el proceso de aprendizaje de la lectura y escritura comienza generalmente con hablar sobre sus experiencias y sobre sí mismos, es decir, la actividad verbal desarrollada en contextos significativos, con apoyo del profesor y de los pares, es fundamental para el desarrollo de las competencias lingüísticas. En este sentido la escuela juega un papel clave y se reconoce la necesidad de estimular en forma sistemática la escucha atenta y comprensiva de diferentes textos y dar múltiples oportunidades para participar en forma activa en situaciones espontáneas e intencionadas.

COMPONENTES DEL LENGUAJE ORAL

Los componentes básicos del lenguaje oral son el escuchar y hablar, considerados ambos prerrequisitos necesarios para leer y escribir. Escuchar es la primera modalidad de lenguaje que el niño adquiere y es la base para todos los aspectos del lenguaje y del desarrollo cognitivo y juega un papel importante en los procesos de aprendizaje y comunicación, esenciales para la participación en diferentes ámbitos de la vida (Minneapolis Elementary Literacy Framework, 2008).

El escuchar es el *lenguaje receptivo*, el lenguaje escuchado, procesado y comprendido por una persona. Es la capacidad para entender y manejar unidades de información oral con distintos niveles de dificultad, en consecuencia, permite comprender el lenguaje y adquirir el significado de las palabras.

Se pueden considerar como indicadores del lenguaje receptivo la percepción y discriminación auditiva de palabras, frases y oraciones, la memoria auditiva, la ejecución de órdenes, el seguimiento de instrucciones y las respuestas adecuadas a lo escuchado.

El hablar es el *lenguaje expresivo*, entendido como el lenguaje generado y producido por una persona. Es aquel que permite expresarse por medio de gestos, señas o palabras; se traduce en la fluidez verbal para nominar, describir, narrar, informar y argumentar.

Son indicadores del lenguaje expresivo el vocabulario adecuado y preciso, la combinación de palabras en frases y oraciones, la construcción gramatical de oraciones, el ordenamiento lógico y secuencial del mensaje y el uso pertinente de fonemas, palabras e ideas, evitando su repetición innecesaria.

En suma, podemos decir que el habla es el proceso de trasmisión e intercambio de información, ideas y emociones usando lenguaje oral. Escuchar, en cambio, es el proceso de recibir, construir significado y responder a mensajes verbales o no verbales.

En los primeros años, las habilidades receptiva y expresiva no se desarrollan al mismo tiempo, generalmente el lenguaje receptivo precede al expresivo, el niño necesita primero entender las palabras antes de producirlas y usarlas en su comunicación habitual.

Usamos el habla para expresar nuestras ideas, opiniones y sentimientos y también para dar sentido y confirmar, cuestionar y probar nuestras suposiciones. Los niños necesitan desarrollar el habla para interactuar con otros para diferentes propósitos y comprender sus convenciones y manera de usarla según el contexto. En el contexto escolar, el niño necesita desarrollar un lenguaje más complejo que le permita comprender y participar en las experiencias de aprendizaje plenamente.

Además del lenguaje receptivo y expresivo, tenemos un último aspecto del desarrollo del lenguaje, este es el llamado *lenguaje articulado*, considerado como la habilidad para emitir sonidos, fusionarlos y producir sílabas, palabras, frases y oraciones que expresan ideas. Así mismo, la articulación se relaciona con el adecuado funcionamiento de los órganos del aparato fono articulador. Algunos indicadores del lenguaje articulado son: la pronunciación correcta de los fonemas, la capacidad articulatoria para unir y enlazar fonemas para formar sílabas y palabras, y la capacidad para agrupar los fonemas en palabras, frases u oraciones que expresan ideas.

Un tercer componente del lenguaje oral es la producción de textos orales, entendida como aquellas habilidades relacionadas con la creación de textos emitidos en situaciones orales específicas. Estos van aumentando en su nivel de complejidad a medida que los niños van desarrollando estas habilidades, las que comienzan con la narración de un texto para más adelante llegar a producir textos de carácter argumentativo.

ENSEÑANZA DE LA COMUNICACIÓN ORAL

Ante todo, habría que decir que si bien el lenguaje oral está presente en las diversas actividades de la vida, requiere ser enseñando en forma explícita. Saber expresarse en forma correcta es una necesidad fundamental para poder desenvolverse en el medio social.

Camps, A. (2004) señala diferentes usos y funciones del lenguaje oral en el aula, como son:

- **Hablar para regular la vida social**: en la escuela el niño establece relaciones con personas diferentes a las de su medio familiar lo que le exige adecuar su conversación a nuevas situaciones, lo cual implica aprender nuevas formas de hablar.

- **Hablar para aprender y para aprender a pensar**: en la escuela también se establecen diálogos para compartir y construir contenidos escolares, actitudinales y valóricos.

- **Hablar para leer y escribir**: es evidente que las interacciones orales son indispensables para construir significado a partir de los textos. "Discutir para comprender, hablar para leer, hablar para escribir, escribir en colaboración..." (p. 42) esto refleja la importancia del lenguaje oral para la comprensión y producción escrita.

- **Hablar para aprender a hablar**: los usos orales formales necesitan ser aprendidos, son tareas complejas que demandan preparación y que incluyen hablar y discutir con el profesor u otras personas (por ejemplo, hacer una exposición oral, presentar un trabajo, hacer una entrevista, etc.).

Por último, menciona el **lenguaje literario oral**: es decir, la narración oral, recitación, lectura oral, audición de cuentos y poemas, canciones, presentaciones teatrales, entre otras. Lo anterior ayuda a construir esquemas mentales de géneros narrativos; favorece la pronunciación, el ritmo, el gusto por las imágenes y por los juegos verbales.

Para extender el repertorio de lenguaje oral de los estudiantes, los profesores necesitan planificar para enseñar explícitamente diferentes formas y funciones del lenguaje. Cuando el habla está conectada al hacer, esto es, conectada a resolver un problema, diseñar algo, desarrollar un experimento, entre otros, involucra necesariamente pensar en voz alta, razonar, especular, formular ideas, explicar, justificar; todos, tipos de lenguaje necesarios para ser capaces de comunicar sus comprensiones. Claire Staab (1992) plantea que los profesores pueden ayudar a los niños dándoles amplias oportunidades de usar el lenguaje oral, hablando y escuchando, en la sala de clases.

Rodríguez (1995), en tanto, señala que se debe apoyar a los niños en "la observación de los usos orales que tienen lugar en distintos entornos de la comunidad (familia, clubes, iglesias, supermercados, etc.), en los medios de comunicación, entre otros. La producción e interpretación de una amplia variedad de textos orales, y la reflexión acerca de variados recursos que ofrece la lengua (fónicos, morfosintácticas, léxicos y semánticos) para alcanzar distintas metas comunicativas" (p. 5).

El desarrollo del lenguaje oral impacta a todos los ámbitos del currículum escolar, por lo tanto, la escuela debe crear las condiciones para que este se potencie, teniendo presente que los niños son los constructores de su lenguaje, y los educadores y padres son facilitadores de su desarrollo.

Beuchat (1989) plantea que el ***escuchar y hablar*** son dos habilidades del lenguaje oral a las cuales la escuela debería otorgarles la misma importancia. La primera, el escuchar, definido como un proceso a través del cual el lenguaje hablado es convertido en significado en la mente. La autora distingue las siguientes formas de escuchar: escuchar atencional, escuchar analítico, escuchar apreciativo y escuchar marginal.

En la ***escucha atencional*** el oyente focaliza su atención en un estímulo para obtener información y participar en forma activa. Por ejemplo, escuchar órdenes, instrucciones, mensajes.

La ***escucha analítica*** se lleva a cabo cuando debemos analizar lo escuchado para responder o resolver algo. Tiene estrecha relación con la comprensión de lectura y va desde discriminar sonidos y clasificarlos, hasta tareas más complejas como responder guías de audición que implica comprender el material escuchado. En este caso el auditor escucha con el fin de ordenar secuencias, detectar detalles, establecer comparaciones, diferenciar realidad de fantasía, hacer inferencias sobre hechos y acontecimientos, establecer ideas importantes, entre otras.

La ***escucha apreciativa*** se realiza por el simple hecho de disfrutar, gozar, deleitarse con lo que se escucha. Se desarrolla cuando, por ejemplo, escuchamos un hermoso cuento, una música, un poema o una conversación interesante. La persona centra su atención en el estímulo con el simple afán de recrearse, de apreciar, sin tener una pauta fija, ni con la finalidad de responder a preguntas o a una tarea determinada.

La ***escucha marginal*** es cuando se escuchan otros estímulos u otros sonidos que están en otro plano sin proponérselo, como los sonidos del ambiente, la música de fondo, entre otros.

Los diferentes tipos de escucha están presentes en el proceso educativo y exigen de parte del alumno dirigir la atención hacia el mensaje del otro (profesor u otro niño) y comprender bien la información. El desarrollo de la habilidad de escuchar en la escuela es indispensable para promover el desarrollo de la competencia comunicativa.

Lugarini (1995) contempla las siguientes competencias del escuchar:

- **Competencia técnica**: se refiere a la capacidad de identificar y reconocer los sonidos del habla en palabras aisladas, en una frase, la entonación (pregunta, orden, afirmación, exclamación, etc.).

- **Competencia semántica**: distinguir la relación entre significados y significantes. El desarrollo de este componente debe abordarse desde dos perspectivas: comprensión y expresión.

- **Competencia sintáctica y textual**: ser capaz de utilizar el orden, la concordancia, los pronombres, el sujeto y el predicado.

- **Competencia pragmática**: reconoce la intención comunicativa, realiza inferencias, distingue ideas principales y secundarias. Consiste en utilizar el lenguaje en diferentes situaciones de comunicación e interacción social y, por tanto, con diferentes funciones o usos tales como pedir información, saludar, protestar, ordenar.

  Esta competencia se amplía y potencia cuando el educador estructura las situaciones lingüísticas y permite a los estudiantes expresar sentimientos y pensamientos, tomar la palabra, comunicarse con sus iguales, argumentar, en definitiva, valora el uso del lenguaje dentro de la sala y permite "jugar" con el lenguaje.

- **Competencia selectiva**: capacidad para utilizar el mensaje con un propósito definido.

La segunda habilidad, el hablar, es definida como un "proceso de codificación de un texto oral coherente, de acuerdo a la intención y finalidad determinada por el emisor en relación con el interlocutor y los contextos a través de estrategias verbales y no verbales" (Menéndez, s/f, p. 3).

Las competencias del hablar descritas por Lugarini (1995) son:

- **Competencia ideativa**: es aquella que permite planificar el contenido del propio mensaje. La persona tiene clara no sólo la finalidad de la comunicación, sino que también el contenido que quiere transmitir, y organiza la información antes de trasmitirla.

- **Competencia pragmática**: se refiere a la capacidad de analizar todos los elementos involucrados en la situación de comunicación y adecuarlos de la mejor manera adoptando un estilo particular.

- **Competencia sintáctica y textual**: es la que permite elaborar frases con sentido y con coherencia interna.

- **Competencia semántica**: un hablante es competente cuando sabe distinguir los significados de las palabras y las utiliza adecuadamente para comunicarse con otros hablantes.

- **Competencia técnica**: es aquella que permite tener una pronunciación comprensible y es capaz de controlar el tono de voz.

Como ya fue señalado, el escuchar y hablar son capacidades que deben ser desarrolladas en la escuela y, por tanto, deben estar presentes como objetivos de aprendizaje en las planificaciones de los educadores.

Cable (2007) plantea que los profesores necesitan ser conscientes de cómo usar el lenguaje (léxico, sintaxis y semántica) y de cómo apoyar a sus estudiantes para que comprendan el vocabulario específico de una materia, la estructura de las oraciones y el tipo de texto, pero también deben cuidar la manera en que trasmiten los mensajes considerando las diferentes formas de construir significado en variados contextos y contenidos del plan de estudio. El autor señala que se puede apoyar a los niños en este proceso a partir de diferentes áreas:

- **Hablar y escuchar**: los niños necesitan hablar mucho para desarrollar bien el lenguaje oral y en este sentido es fundamental que el profesor les demuestre formas apropiadas para hablar y escuchar, hacer y responder preguntas y dar y recibir instrucciones. Esto lo puede hacer en conversaciones diarias con sus estudiantes o en discusiones de libros leídos o dando instrucciones a todo el grupo o a grupos pequeños. También el profesor debe apoyar el pensamiento, hablando y pensando en voz alta los contenidos que está enseñando. Otro aspecto fundamental para potenciar el hablar y escuchar es involucrando a los alumnos en conversaciones acerca de temas de interés para ellos o de contenidos académicos.

- **Hablar para diferentes propósitos**: los estudiantes necesitan tener la oportunidad de usar el habla para una variedad de propósitos. Para ello se les debe ayudar a aprender las formas de comunicación dándole oportunidades diarias para usar lenguaje apropiado según diferentes audiencias y propósitos (informar, preguntar, persuadir, etc.): turnarse para hablar, juegos de palabras y discusiones acerca de temas interesantes y significativos. Asimismo es importante modelar este proceso utilizando preguntas, haciendo comparaciones, interpretando información desde diferentes tipos de textos.

- **Convenciones y usos del lenguaje**: existen reglas sociales de conversación, reglas gramaticales y léxico suficiente para mantener una buena conversación. Todo esto debe ser enseñado explícitamente involucrando a los niños en juegos de lenguaje y apoyando el desarrollo de su vocabulario.

El siguiente cuadro, propuesto por Quiles (2006), representa las situaciones comunicativas orales a las que se pueden exponer a los niños en el aula y que facilitan la ejercitación de las habilidades lingüísticas anteriormente señaladas.

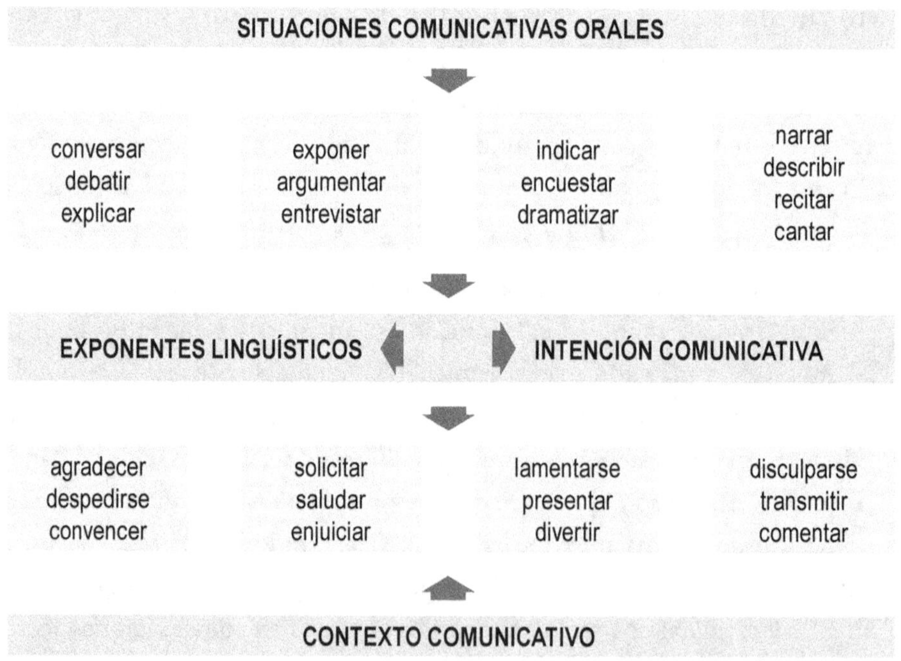

ACTIVIDADES PARA EL DESARROLLO DE LA LENGUA ORAL

Especialmente la lengua oral es comunicación y la comunicación oral es el eje de la vida social de todas las culturas; esta dimensión social no puede ser ignorada por la escuela porque es el instrumento que nos permite aprender del mundo y expresar lo que pensamos y sentimos.

Los educadores en la escuela necesitan conocer el lenguaje de sus alumnos para diseñar estrategias que les permitan avanzar en su desarrollo, teniendo en cuenta que este progreso no sólo significa aumento de vocabulario.

Cassany, Luna y Sanz (2000) señalan que además de aumento de vocabulario, implica:

- Aumentar la complejidad de las estructuras lingüísticas que usa el alumno.

- Distinguir y utilizar con fluidez las relaciones entre oraciones y los nexos que les dan cohesión.

- Utilizar con fluidez los referentes, tales como pronombres, anáforas.

- Ampliar los registros lingüísticos, de modo que el alumno pueda adecuarse a cada situación.

- Conocer el contexto cultural para identificar los propósitos del lenguaje.

Es fundamental favorecer experiencias en que se desarrolle el trabajo cooperativo con el fin de organizar situaciones en donde se realicen trabajos tanto individuales como grupales, se integre lo oral con lo escrito, se creen variadas situaciones de comunicación y se considere la vida cotidiana y auténtica de los alumnos. Quilmes (2006) señala la necesidad de promover el aprendizaje autónomo para que los alumnos sean capaces de acceder a la información y recursos de la sala y la escuela y trabajar con medios audiovisuales para contactarlos con discursos orales.

Lo esencial es que se susciten interacciones entre los alumnos uno a uno y en grupos; profesor grupo pequeño, profesor todo el grupo y del alumno con la comunidad educativa.

Algunas actividades que se pueden desarrollar en los diferentes cursos:

KÍNDER - PRIMERO BÁSICO

ACTIVIDADES	PROPÓSITOS
Cantar canciones	Fomentar la discriminación auditiva. Desarrollar actitud de escucha. Trabajar fonemas y grupos fonéticos. Desarrollar el ritmo, la entonación y la vocalización.
Uso de trabalenguas	Reforzar manejo de fonemas. Desarrollar discriminación auditiva y vocalización. Desarrollar ritmo, entonación y expresividad.
Chistes y refranes	Descubrir el sentido lúdico de las palabras. Identificar el humor de textos. Interpretar sentencias y enunciados.
Juegos verbales: se va narrando una historia donde aparecen diferentes elementos, animales y acciones; cuando aparecen en el relato, se imita el sonido que realizan: auto, moto, golpe a puerta, timbre, desinflar globo, etc.	Incrementar atención auditiva. Descubrir capacidades comunicativas a través de los sonidos. Estimular la capacidad de producir y reproducir sonidos.
Juegos de memoria visual: poner cinco objetos en línea sobre una mesa. Se les pide a los alumnos que retengan el orden de los objetos (asegurarse que todos ven claramente los objetos). Se le pide a un alumno que salga y otro cambia el orden de uno de los objetos, al entrar debe adivinar cuál fue cambiado. También se puede realizar con un grupo de alumnos y uno se cambia alguna de sus prendas.	Estimular la atención visual. Ejercitar la comprensión oral.

SEGUNDO BÁSICO	
ACTIVIDADES	PROPÓSITOS
Juegos tradicionales: Luche, Antón Pirulero, la escondida, la gallinita ciega, corre el anillo, ha llegado carta, entre otros.	Comprender explicaciones de un juego. Seguir las instrucciones. Favorecer el aprendizaje autónomo. Conectar con textos de tradición oral.
Dibujar siguiendo instrucciones: se entrega oralmente cada paso para completar el dibujo de un objeto dado. Se puede variar entregando las instrucciones por escrito. Luego deben explicar los pasos seguidos para realizarlo.	Interpretar indicaciones. Organizar la información en el discurso. Describir imágenes.
Dibujar al personaje de un cuento corto o poema: se lee el poema pidiendo a los niños que cierren los ojos y se imaginen al personaje mientras escuchan. Después lo dibujan y describen al resto lo que dibujaron.	Describir oralmente. Potenciar la imaginación y la creatividad.
Describir donde viven: conversación en círculo se realiza un diálogo sobre lugar donde viven en relación al colegio de modo que a través de preguntas indiquen ubicación geográfica: cómo llegar de la casa al colegio; recorrido que realizan para llegar; personas que viven cerca de la plaza, la iglesia, etc. Luego representan en parejas una persona que le pide indicaciones para llegar a algún lugar. Lo fundamental es que organicen el discurso utilizando palabras de cortesía, formalidad, puntos de referencia, claridad y orden lógico, etc. y deben dibujarle un plano.	Dar indicaciones de direcciones. Usar estrategias para pedir y dar información. Dar referencias verbales para ubicación espacial.

Bennett-Amistead, Duke y Moses (2005) plantean que para apoyar el desarrollo del lenguaje en los niños más pequeños, tanto en el ambiente familiar como en el escolar es fundamental:

- Hablar con los niños siempre y en cualquier lugar, aprovechar cada momento para conversar con ellos, ya que constituye uno de los aspectos más importantes en esta etapa.

- Hacerlo en cercanía, de modo que pueda involucrarse mejor en lo que le está diciendo.

- Escuchar activamente dando la señal al niño de que se le está escuchando y responder a lo que dice, extender lo que dice y dar explicaciones.

- Hablar con los niños acerca de sus actividades diarias e ir más allá del aquí y ahora, realizando preguntas abiertas que permiten usar un lenguaje más complejo.

- Hacer lecturas en voz alta de cuentos y poemas.

- Cantar canciones.

- Usar un vocabulario variado y en contextos de apoyo, por ejemplo:

  - Usar lenguaje que ayude a los niños con claves que le permitan entender la nueva palabra mejor (en lugar de decir "esta es una llama", decir "este *animal* es una llama").

  - Agregar información: proveer sinónimos, descripciones y ejemplos que amplíen la información.

- Promover la curiosidad acerca de las palabras:

  - Alabar cuando preguntan por el significado de palabras que no conocen o cuando manifiestan que no comprenden algo.
  - Modelar preguntas.
  - Generar interés en palabras.

- Estimular las conversaciones entre pares.

- Proveer accesorios o materiales que promuevan el lenguaje oral: celulares, micrófonos, títeres, entre otros.

A continuación se sugieren otras actividades apropiadas para el desarrollo del lenguaje que promueven la participación activa de los estudiantes:

- Hablar sobre un objeto de interés del niño para presentarlo al resto del curso.

- Compartir una noticia diaria, primero en forma oral, luego escrita para discutir con el curso.

- Participar en lecturas compartidas, es decir, leer un texto junto con el profesor para que el texto llegue a ser más familiar.

- Participar en sesiones de lectura guiada (profesor con un pequeño grupo de niños con el mismo nivel lector) para tener ricas oportunidades para conversar y discutir sobre el texto a leer.

- Realizar juego simbólico ya que provee una base importante para el desarrollo de la lectura y escritura.

- Discriminar diferentes sonidos de la naturaleza o producidos por diferentes elementos.

- Reconocer y reproducir sonidos guturales de los animales como rebuznar, balar, mugir, ladrar, entre otros.

- Reconocer y reproducir sonidos onomatopéyicos, vocálicos, consonánticos, tales como *¡plaf! ¡crachs!*

- Ejercitar la memoria auditiva de sonidos, secuencias rítmicas sencillas, canciones, etc.

- Realizar completación de frases, derivación de palabras, formación de familias de palabras, de asociación de palabras, búsqueda de contrarios.

- Realizar adivinanzas, retahílas, acertijos con los niños.

- Hacer uso del lenguaje de manera funcional en diferentes situaciones de comunicación, relacionado con normas de cortesía, pedir atención, solicitar, negar, expresión de sentimientos y deseos, opiniones.

- Responder preguntas explícitas o inferenciales en forma oral.

- Responder preguntas para clarificar y confirmar significado de un texto leído.

- Escuchar atentamente por períodos cada vez más crecientes.

- Responder preguntas que conecten información y situaciones con experiencias personales.

- Hacer uso de nuevo vocabulario y construcciones gramaticales.

- Buscar y compartir información.

- Escuchar para identificar palabras y oraciones.

- Seguir instrucciones verbales.

- Hablar para comunicar datos, hechos e ideas.

- Hablar con el fin de comunicar significados de escrituras, dibujos y experiencias personales; reportar brevemente información a pares y adultos familiares.

- Mantener conversaciones y discusiones.

- Seguir instrucciones.

- Parafrasear lo que se ha entendido de un cuento escuchado, una noticia o una conversación.

- Participar en actividades que desarrollen la conciencia fonológica.

Kirkland y Patterson (2005) proponen que a través de una buena organización del ambiente de la sala, de actividades apropiadas al desarrollo del lenguaje oral es posible que los alumnos establezcan conexiones con la literatura y con los contenidos curriculares.

Se puede facilitar el desarrollo del lenguaje oral a través de la planificación cuidadosa del medio ambiente de la sala, de manera que esta provea amplias oportunidades para involucrarse en conversaciones auténticas. Sería adecuado, entonces, utilizar los distintos elementos de la sala para el uso de intercambios lingüísticos entre los alumnos y entre ellos y el educador:

- Textos escritos por los niños: para leerlos y comentar sobre ellos. Estos textos tienen mucho más significado que el material comprado o hecho por los adultos.

- Impresos pegados en la pared: para leerlos y compartir en relación a las tareas que se realizan (horarios, alumnos que no asistieron a clases, etc.).

- Bibliotecas de aula: que les permiten elegir y argumentar la elección, leer y comentar un texto, recomendar. La buena literatura provee un excelente modelo de lenguaje y da oportunidades para conversar y discutir sobre ello.

  - Tener buenos autores y cuentos invita a los niños a retomar el libro muchas veces, volver a contarlo e iniciar conversaciones sobre lo leído.

- Contar con libros que incluyan palabras que permitan ampliar el vocabulario, como también aquellos que permitan "jugar" con el lenguaje que tanto disfrutan los niños en estas edades.

- Realizar lecturas en voz alta todos los días, en forma sistemática.

PROGRESIÓN DE APRENDIZAJES EN COMUNICACIÓN ORAL EN LA EDUCACIÓN INICIAL

Durante el período inicial de la vida se pretende desarrollar la capacidad de "comunicar sensaciones, vivencias, emociones, sentimientos, necesidades, acontecimientos e ideas a través del uso progresivo y adecuado del lenguaje no verbal y verbal, mediante la ampliación del vocabulario, el enriquecimiento de las estructuras lingüísticas y la iniciación a la lectura y la escritura, mediante palabras y textos pertinentes y con sentido" (Mineduc, 2005, p. 59).

En lo que respecta a la comunicación oral, se espera que los niños desde el nivel de transición, sean capaces de participar en conversaciones, siguiendo reglas acordadas como son escuchar atentamente a los demás y turnarse para hablar. Además, se espera que sigan una conversación a través de intercambios verbales que poco a poco progresan, siendo capaces de responder a los comentarios de los demás y vincular las conversaciones propias con la de otros. El hacer y responder preguntas es otro aprendizaje importante, que avanza hacia preguntas para aclarar confusiones y tener una explicación más detallada que les permita comprender en forma más profunda los temas o textos en discusión.

En la etapa inicial, los niños comienzan comprendiendo y siguiendo instrucciones una a dos pasos para aumentar progresivamente hasta tres o cuatro. Y respecto al habla, se espera que progresen desde hablar para expresar pensamientos, sentimientos e ideas, hacia producir oraciones completas cuando sea pertinente a la tarea y a la situación, con el propósito de entregar detalles. En síntesis, se espera que los niños sean capaces de actuar en distintas situaciones utilizando la lengua oral con diferentes propósitos y con una expresión adecuada.

Otro aspecto tiene que ver con la capacidad para describir personas, lugares, objetos y sucesos, la que poco a poco va avanzando hacia proporcionar detalles adicionales con apoyo del adulto, para luego hacerlo en forma clara y autónoma. Ya en segundo básico se espera que los estudiantes sean capaces de planificar y realizar presentaciones orales bien elaboradas, con detalles y con una secuencia lógica.

En definitiva, se espera que los alumnos escuchen críticamente y respondan adecuadamente a los intercambios verbales orales, conversando de modo tal que se entiendan sus ideas claramente, utilizando un ritmo y modulación adecuada.

Para mejorar la competencia oral de los niños es necesario que el profesor cree situaciones comunicativas en la clase con el fin de que los estudiantes aprendan a reflexionar sobre el uso de la lengua para lo cual el profesor debe decidir sobre *qué contenidos* hará reflexionar a sus alumnos, *cuál es el momento* más adecuado para hacerlo y *cómo organizará la enseñanza* para permitir que todos participen (Vilá, 2005).

EVALUACIÓN DE LA COMUNICACIÓN ORAL

Varios autores coinciden en que la evaluación de la comunicación oral debiera proporcionar información que permita analizarla en contextos más amplios que sólo definir lo correcto e incorrecto, más bien identificar qué habilidades necesitan ser aprendidas por el alumno para comunicarse en forma adecuada en diferentes contextos (Quiles, 2006). Lo fundamental, dice Araya (2011), es el proceso y no el producto, por lo que es fundamental tener claridad respecto a las habilidades y conocimientos en cada nivel escolar.

Si bien se proponen como procedimientos de evaluación la observación de la competencia lingüística dentro del aula, el análisis del lenguaje a partir de muestras de producción espontánea y procedimientos estandarizados, es frecuente la dificultad para evaluar el progreso de los alumnos en la comunicación oral; como dice Gutiérrez (2014), se trata de una de las tareas más difíciles, dado su carácter subjetivo, lo que exige utilizar herramientas (tablas de especificaciones, rúbricas, matrices de valoración) que permitan obtener información lo más auténtica posible, de modo de realizar un proceso de reflexión respecto al desempeño oral de los estudiantes.

Desde esta perspectiva formativa de la evaluación, es fundamental disponer de criterios e indicadores para orientar la evaluación en contextos auténticos de enseñanza aprendizaje.

Se hace necesario no sólo evaluar las competencias de los estudiantes sino que el profesor debe reflexionar sobre el proceso didáctico llevado a cabo y en qué medida ayudó a los alumnos a promover aprendizajes.

Quiles (2006) propone el siguiente modelo:

MODELO DE EVALUACIÓN DEL PROCESO DIDÁCTICO[1]			
SEGUIMIENTO	Mucho/ siempre	Poco/ casi nunca	Nada/ nunca
¿Hemos guiado al alumnado en la identificación de las tipologías textuales?			
¿Hemos sabido acercarlos a estos géneros de la literatura oral de forma lúdica y atractiva?			
¿Los medios audiovisuales han sido empleados de forma responsable y secuenciada?			
¿Hemos propiciado el diálogo y el debate?			
¿Hemos presentado la actividad de un modo atractivo?			
¿Hemos sabido guiar un diálogo pedagógico al servicio del uso de la lengua?			
¿Hemos facilitado la adquisición de los objetivos propuestos?			
¿Nos hemos propiciado el trabajo interdisciplinario?			
¿Hemos sabido integrar las TIC en el proceso de aprendizaje?			

---

1 Extraído de Quiles (2006).

CAPÍTULO III

DESARROLLO DE LA LECTURA EN EL NIVEL INICIAL

"La lectura y la escritura no son prácticas naturales, no existen en el vacío; su definición depende del contexto histórico y cultural donde éstas ocurren.

Leer es necesariamente 'leer para': para informarse, para aprender, para jugar, para participar, para crecer, para responder una pregunta, para satisfacer una curiosidad, para expresar emociones, etc. Y leer es leer sobre/ acerca de/en, leer sobre un libro, en un diario, en un afiche, sobre un álbum, acerca de una carta, una tarjeta postal, etc. La lectura no se encuentra fuera de la intención del lector ni del contexto en que se encuentra el lector..."

(Chauveau, 1997, 2010)

La lectura va más allá de la decodificación de signos escritos, implica una serie de procesos mentales entre los que podemos mencionar la predicción, la elaboración de hipótesis y su verificación, establecer conexiones entre las experiencias personales y las de otros o entre los conocimientos del lector y los nuevos conocimientos adquiridos, inferir, analizar, etc.; así como también la formación y desarrollo de ciertas características personales que mucho tienen que ver con la vida en sociedad al involucrar elementos afectivos que influyen en cierta medida en el gusto estético y la sensibilidad de la persona.

En otras palabras, podríamos decir que la lectura abarca una serie de procesos mentales que incluyen dos tipos de información: la lingüística (relacionada con la sintaxis, el significado, la forma del texto, las letras, etc.) y la extralingüística que tiene que ver con la situación comunicativa, el contexto, la forma de tratar la información, entre otras.

Para comprender un texto, el lector debe activar los conocimientos lingüísticos y extralingüísticos que tiene almacenados en la memoria e integrarlos con los que el texto expresa de manera explícita e implícita.

Las condiciones actuales de la lectura han cambiado. Las prácticas sociales de la lectura son extensivas y se caracterizan por el aumento del número de lectores y la multiplicación de los textos a consecuencia de los nuevos procesos de producción, de reproducción y de difusión de los escritos. Los soportes textuales se han diversificado —carteles, páginas web, folletos, planos, informes, diarios, revistas— en la actualidad ya no sólo se leen libros. Para algunos, leer es cada vez más "leer lo útil" (Butlen, 2005), y hay evaluaciones masivas que sólo indagan en qué medida los jóvenes comprenden textos "útiles" para la vida en sociedad. Estos textos (formularios, recetas, avisos publicitarios, entre otros) suelen estar fuertemente anclados al contexto, se caracterizan por la sencillez estructural, sintáctica y semántica y requieren del lector una postura que puede identificarse como "leer para hacer" (o "para no hacer").

La enseñanza actual promueve aparte de la lectura de textos literarios, la lectura de textos no literarios y también de textos "funcionales". La escuela debe formar lectores competentes que sepan comprender la mayor variedad posible de géneros discursivos presentes en el medio, por ejemplo, un artículo científico, un texto periodístico, una columna de opinión y también un mensaje de texto enviado a través de un celular.

Aprender a leer y escribir es esencial para el éxito de un niño en la escuela y más tarde en la vida. Uno de los mejores predictores de si un niño va a desenvolverse de manera eficiente en la escuela y va a contribuir de manera activa en nuestra sociedad cada vez más alfabetizada es el nivel al cual el niño avanza en la lectura y la escritura.

COMPONENTES CLAVES CONDUCENTES A LA ADQUISICIÓN DE HABILIDADES PARA LA LECTURA Y ESCRITURA

La adquisición de las habilidades de lectura y escritura implica que los niños alcancen competencias con respecto al conocimiento acerca del material impreso, la conciencia fonológica, conciencia semántica, conciencia sintáctica, además de aproximación y motivación a la lectura y a la escritura. Entre los componentes más importantes que se deben desarrollar en esta etapa podemos mencionar los siguientes:

- Conocimiento acerca de lo impreso.
- Interpretación de signos escritos.

- Conciencia fonológica.
- Conciencia semántica.
- Conciencia sintáctica.
- Aproximación y motivación por la lectura.
- Comprensión de lectura.
  - Extraer información.
  - Parafrasear.
  - Argumentar.

■ CONOCIMIENTO ACERCA DE LO IMPRESO

Es el proceso mediante el cual los niños se familiarizan con el lenguaje impreso de todo el ambiente letrado y numerado que los rodea. Se requiere comprender todos los conceptos relacionados con el material impreso y cómo se utilizan en las tareas de lectura y escritura en la vida diaria. Implica desarrollar dos tipos de habilidades, reconocer el tipo de texto e interpretar los signos escritos cuyo logro se evidencia teniendo en cuenta indicadores de logro o desempeño específicos como se observa a continuación.

HABILIDAD	INDICADOR DE LOGRO

Reconocimiento del tipo de texto: Es la habilidad para identificar los diferentes tipos de texto o géneros discursivos de acuerdo con sus características físicas y contextuales y conocer cuál es la función que cumplen dichos textos en la vida diaria.	Nombran las partes de un libro y sus funciones (estructura y uso).
	• Reconocen diferentes tipos de textos según su función o utilidad, o propósito (cuento, receta, diario).
	• Distinguen cuentos, poemas, noticias y avisos a partir de su formato y de elementos gráficos e íconos.
	• Conocen la función que cumplen los textos en la vida cotidiana:
	  – Sirven para informar (noticia, aviso, afiche, etiqueta, etc.);
	  – para contactarse (carta, tarjeta, e-mail);
	  – para narrar (cuento, fábula);
	  – para dar instrucciones (receta, reglamento, etc.);
	  – para disfrutar (cuentos, poemas, adivinanzas);
	  – para vender y anunciar productos (aviso, afiche);
	  – para identificarse (carné), etc.

HABILIDAD	INDICADOR DE LOGRO
Interpretación de signos escritos: Se refiere a la comprensión de cómo las letras, las palabras y las oraciones se representan en la lengua escrita.	• Distinguen algunas palabras familiares y frases simples en diferentes textos. Por ejemplo: su nombre, nombres de personas, objetos y contextos significativos. • Identifican palabras escritas que se inician o terminan con una misma letra o sílaba. • Identifican que se lee en el texto escrito y no en las ilustraciones, que se lee y escribe de izquierda a derecha y de arriba hacia abajo. • Señalan sílabas y letras en las palabras escritas. • Discriminan visualmente entre una letra y un número (diferencian entre alfabeto y código numérico). • Identifican los espacios en blanco que separan las palabras. Expresándolo a través de una pausa o gesto. • Identifican letras mayúsculas y minúsculas a partir de palabras familiares. • Reconocen las letras cursivas y de imprenta en palabras familiares. • Reconocen una palabra como unidad impresa, o son conscientes que las letras se agrupan para formar palabras y que estas se separan con espacios. • Saben la diferencia entre letras y palabras. • Leen sin dificultad en silencio y en voz alta, palabras, frases, oraciones y textos breves.

■ CONCIENCIA FONOLÓGICA

Es el conocimiento consciente que el sujeto tiene de las propiedades fonológicas de su lengua. Es la habilidad que les posibilita a los niños reconocer, identificar, determinar y manipular intencionadamente con los sonidos (fonemas) que componen a las palabras. La conciencia fonológica trabaja con el reconocimiento y el análisis de las unidades significativas del lenguaje, lo que facilita la transferencia de la información gráfica a una información verbal. Este proceso consiste en aprender a diferenciar los fonemas, en cuanto son expresiones acústicas mínimas e indispensables para que las palabras adquieran significado. En el aprendizaje de la lectura, el desarrollo de la conciencia fonológica es como **"un puente"** entre las instrucciones del alfabetizador y el sistema cognitivo del niño, necesaria para poder comprender y realizar la correspondencia grafema-fonema. El logro de la conciencia fonológica puede evidenciarse por medio de los siguientes indicadores de desempeño:

- Identifican las letras del abecedario y las asocian con palabras que comienzan con dicha letra.

- Asocian progresivamente fonemas a grafemas.

- Reconocen palabras orales o imágenes que se inician (aliteraciones) o terminan con una misma sílaba y luego letra.

- Indican si las palabras escuchadas son iguales o diferentes (masa - casa, ropa - sopa).

- Segmentan (percuten, marcan) las sílabas de las palabras.

- Cuentan las sílabas y según su número las clasifican en palabras largas o cortas.

- Componen y descomponen las palabras a partir audición de las sílabas que la componen (pe- lo- ta: dice pelota).

- Componen y descomponen las palabras a partir de la audición de los fonemas que las componen (s-o-l: dice sol).

■ CONCIENCIA SEMÁNTICA

Es la capacidad para otorgar significado a las palabras y para usarlas adecuadamente de acuerdo con el contexto. Por esto es muy importante que los niños tengan variadas experiencias con el mundo que lo rodea y que cuenten con la mediación de un adulto que les dé una expresión léxica a los elementos de su medio. De esta manera, el niño logrará comprender las palabras que conforman los textos escritos, para así lograr una adecuada comprensión lectora que le permita estructurar mensajes que pueden ser comprendidos, así como establecer relaciones y reflexiones a partir del lenguaje oral y escrito.

Dentro de la conciencia semántica es importante mencionar la conciencia pragmática, que se refiere a la reflexión de los niños sobre su capacidad para usar el lenguaje en forma efectiva y regular su medio a través de esta.

Algunos indicadores de desempeño que permiten evaluar el desarrollo de la conciencia semántica son los siguientes:

- Interpretan el significado de palabras nuevas escuchadas.

- Reutilizan palabras escuchadas en cuentos, textos informativos, programas de televisión, conversaciones y narraciones en diferentes contextos.

- Identifican sinónimos, antónimos y parónimos.

- Forman familias de palabras.

■ CONCIENCIA SINTÁCTICA

La conciencia sintáctica es una habilidad metalingüística vinculada con el rendimiento en lectura y en comprensión lectora. Es la capacidad para reflexionar acerca de la estructura gramatical y el orden que tienen las palabras en nuestra lengua, lo que permite conformar un mensaje coherente. El desarrollo de esta conciencia busca, a partir de la reflexión oral, que el estudiante reconozca la existencia de reglas para la elaboración de oraciones, a fin de que el mensaje sea interpretado de forma correcta por su receptor. Esta conciencia está estrechamente vinculada con el significado del mensaje.

Desarrolla la reflexión de la función que cumplen las palabras en la expresión de sus ideas (el orden de las palabras dentro de la oración) y la forma en que se estructuran para que tengan sentido y se produzca la comunicación. Además, posibilita que el niño reconozca que existen reglas para estructurar oraciones como la concordancia entre género y número; entre sujeto y predicado, etc. Para evaluar el desarrollo de la conciencia sintáctica se pueden considerar los siguientes indicadores de desempeño:

- Establecen concordancia de género y número entre sustantivo y artículo.
- Establecen concordancia de género y número entre sustantivo y adjetivo.
- Establecen concordancia entre sujeto y predicado.
- Completan oraciones.
- Construyen oraciones simples.
- Ordenan oraciones.

■ APROXIMACIÓN Y MOTIVACIÓN POR LA LECTURA

Este componente dice relación con "que los niños quieran leer" y también que en algunos momentos puedan elegir lo que leen. La motivación por la lectura depende de una variada oferta de tipos de textos que permitan al niño y niña descubrir sus propios intereses y preferencias. El beneficio de desarrollar la motivación por la lectura radica en que esta repercute de manera significativa en el desempeño lector de los alumnos: aquellos que se sienten lectores competentes y tienen una alta valoración de la lectura son mejores lectores y abordan la lectura de manera más planificada y eficiente, consiguiendo mejores resultados académicos y mayor calidad de los aprendizajes. La motivación de un niño por la lectura se pude observar porque:

- Exploran textos, juegan a leer marcando con el dedo el recorrido y disfrutan con las lecturas.

- Demuestran interés, motivación y agrado por la narración (audición-escucha atenta) de cuentos y otros tipos de textos.

- Solicitan que les cuenten y/o lean algunos textos literarios de su preferencia.

- Hacen como si leyeran manteniendo concordancia con su contenido, guiándose por ilustraciones diseños y formatos.

- Interrogan sobre el contenido y características de diversos textos de su interés. ¿Qué dice ahí? ¿Qué significa esa palabra? ¿Por qué las letras son grandes o pequeñas?

- Pueden mirar el libro de página en página, de principio a fin; y saben que cada libro tiene un título, autor e ilustraciones.

- Leen textos de su interés para entretenerse o informarse.

■ COMPRENSIÓN DE LECTURA

Es la capacidad de extraer sentido a un texto escrito. Implica la interacción entre el lector y el texto, mediante la cual el lector construye el significado del texto utilizando sus conocimientos previos, los propósitos que tiene frente a la lectura y las claves que le proporciona el texto. Dentro de las habilidades que es preciso desarrollar en esta etapa se encuentran:

- Extraer información.
- Parafrasear.
- Argumentar.

EXTRAER INFORMACIÓN: En las primeras etapas del aprendizaje de la lectura, los niños y niñas son capaces de interrogar textos", es decir, "preguntarle al texto" sobre su contenido, identificar las características físicas del texto (estructura, signos, formato, etc.), hacer predicciones sobre los personajes, sus características, acciones, hechos relevantes y contextos. Esta interrogación del texto como estrategia implica el procesamiento de la información antes, durante y después de la lectura.

Algunos indicadores de desempeño que permiten comprobar que el niño extrae información son los siguientes:

- Formulan preguntas y respuestas acerca del texto.

- Hacen predicciones sobre información literal presentada oralmente o a través de imágenes de diversos textos, por ejemplo, anticipan qué hará un personaje conocido.

- Anticipan de qué se trata un texto a partir de la portada, título e ilustraciones.

- Describen algunos elementos del texto, caracterizando personajes, problema, lugares, hechos.

- Predicen, anticipan el final de una historia, cuento, noticia, etc.

- Asignan atributos a los personajes de su historia (malo, valiente, tímido, dormilón, egoísta, astuto, bondadoso, etc.).

- Comentan, sobre algunos conceptos abstractos como: ideas, emociones o sentimientos relacionados con los contenidos del texto.

PARAFRASEAR: La paráfrasis consiste en "recontar" los contenidos de un texto con las propias palabras. Esta acción permite a los niños y niñas reorganizar los elementos del texto de manera personal, lo cual revela su comprensión del contenido. Los niños demuestran que pueden parafrasear cuando:

- Expresan con sus propias palabras lo leído o escuchado, recordando las partes importantes del texto y también algunos detalles.

- Relatan la historia o cuento narrado, describiendo los personajes y hechos siguiendo la secuencia de ideas.

- Expresan un relato coherente y organizado usando los referentes qué, cuándo y dónde ocurrió, haciendo mención de los sujetos involucrados.

ARGUMENTAR: Se refiere a las opiniones y apreciaciones que los niños y niñas expresan frente a diversas situaciones, vivencias, actos, de acuerdo a sus propias experiencias, las cuales dependen de la mediación del adulto para que enriquezcan los juicios establecidos con la mayor precisión. La argumentación en un niño pequeño se observa porque ellos:

- Expresan su opinión acerca de lo escuchado o leído.

- Opinan sobre lo escuchado y justifican sus apreciaciones, contestando pertinentemente a algunas preguntas sobre cuentos o textos leídos en voz alta.

- Escuchan la narración de un cuento u otro texto y expresan por qué algunos sucesos les provocan alegría, miedo o tristeza, entre otras emociones.

LAS ETAPAS EN EL DESARROLLO DE UN LECTOR

Varios investigadores han planteado varias etapas que explican el desarrollo de la lectura en los niños.

Frith (1986) plantea un modelo en tres etapas del aprendizaje de la lectura. De acuerdo con su modelo, este aprendizaje se desarrolla de la siguiente forma:

- **Etapa logográfica:** en la cual se produce el reconocimiento de significados de algunos signos y símbolos.

- **Etapa alfabética:** en esta etapa se toma conciencia de que las palabras escritas están compuestas por fonemas, los que siguen una secuencia determinada por el lenguaje oral.

- **Etapa ortográfica:** en esta etapa culmina el proceso y en ella se produce la retención y el reconocimiento de las palabras completas.

Ehri (1999) habla de cuatro fases del aprendizaje de la lectura:

- **Fase prealfabética**, donde los niños empiezan a reconocer las palabras por algunas características gráficas incompletas, como puede ser la letra inicial o la final, lo que les permite aventurar su pronunciación y significado.

- **Fase alfabética parcial**, en la cual el reconocimiento se hace a partir del conocimiento de una mayor cantidad de signos o letras.

- **Fase alfabética completa**, donde puede reconocer palabras enteras, aunque no sea capaz de deletrearlas.

- **Fase de consolidación alfabétic**a, en la cual aprende a reconocer y decodificar palabras poco frecuentes y también pseudopalabras.

Yolanda Reyes (2003) plantea que existen tres etapas en la vida de un lector:

- **Primera etapa: "El niño no lee otros le leen"**. Esta etapa se extiende desde el nacimiento hasta el inicio de la lectura alfabética.

- **Segunda etapa: "El niño lee con otros"**. En esta etapa el niño juega a leer y además comparte las tareas de lectura con algún lector experto, suele coincidir con el ingreso a la educación formal.

- **Tercera etapa: "Lector autónomo"**. En esta etapa nos encontramos con un lector capaz de enfrentar las tareas de lectura con total autonomía, logrando alcanzar un adecuado nivel de las competencias lectoras y de encontrar en la lectura una opción permanente de desarrollo intelectual, emocional, cultural y vital.

Un lector autónomo es un lector que no busca en los libros solamente información, sino *"alternativas para leerse, pensarse y construirse como ser humano y como ciudadano crítico, aún mucho después de concluir su educación formal. Desde ese punto de vista, aprender a leer es una tarea de toda la vida y crear lectores que sigan aprendiendo a leer siempre, puede ser la mejor herramienta para favorecer procesos educativos a largo plazo"* (Reyes, 2003).

Es recomendable tanto para la segunda como para la tercera etapa, trabajar con las estrategias de lectura: lectura en voz alta, lectura compartida, lectura guiada, lectura independiente y el ciclo de lectura.

SUGERENCIAS DE ACTIVIDADES PARA FOMENTAR LA LECTURA EN EL AULA

Cabe recordar que en cada grupo curso existen alumnos con diferentes niveles de aprendizaje, por tal razón no resultaría extraño encontrar que un 10 ó 15 por ciento de nuestros alumnos ya saben leer, otro porcentaje está a punto de aprender y un gran porcentaje aún no sabe nada. Es por esto que no solamente debemos generar actividades para enseñar a leer, sino que estas deben ser complementadas con numerosas actividades que fomenten el gusto por la lectura, el desarrollo del pensamiento, del lenguaje oral y, por sobre todo, que brinden oportunidades para que cada alumno se desarrolle de acuerdo a su nivel. Aquí proporcionamos algunas sugerencias.

■ MI ESCRITOR FAVORITO

Es recomendable que los niños conozcan a los autores de los libros que leen, esto les permitirá establecer conexiones entre los libros que han leído y los que vendrán.

Por ejemplo, autores como Anthony Brown, Keiko Kasza, David Shannon, David Mc Kee, entre otros, son muy recomendables para esta etapa.

Anthony Brown, actualmente, es considerado uno de los principales creadores de **libros-álbum** (se conoce por **libro-álbum** o **álbum ilustrado** a toda obra literaria, por lo general, dedicada al público infantil, que se caracteriza por aunar en una misma página un contenido textual y un contenido ilustrado o imagen; ambos se complementan, aportando conexión, coherencia y contenido a la obra literaria).

Su gran admiración por los simios lo llevó a escribir historias sobre el chimpancé Willy, quien representa los temores y situaciones que viven o han vivido muchos niños.

Entre los elementos característicos de sus obras se hace referencia a obras de arte, sombras, texturas que aparecen una y otra vez en sus historias, muros donde aparecen cosas extrañas, paisajes nocturnos y, especialmente, sus personajes expresan sentimientos muy intensos.

Se sugiere que el docente inicie un diálogo con los estudiantes que les permita establecer conexiones y activar sus conocimientos previos. Algunas preguntas que podrían facilitar este diálogo y desarrollar la comprensión son:

—"Niños, hoy vamos a leer un libro de Anthony Brown".

—¿Qué libros de Willy hemos leído?.

—¿Cómo es Willy?.

—¿Qué creen ustedes que le pasará a Willy hoy?.

—El libro se llama "Willy el mago"

—¿Por qué creen que se llama así? ¿Qué hará Willy para que le den ese nombre?.

—"Observen la portada". ¿Qué habilidad tendrá Willy?.

—¿A qué futbolista chileno les recuerda?.

O si se decide leer algún libro de David Shannon con su increíble serie de las travesuras de David: *No, David, David va al colegio, David se mete en líos*, etc. Inmediatamente los niños podrán establecer conexiones y darse cuenta que siempre David se mete en problemas.

También sería importante que los estudiantes tuvieran la oportunidad de recibir la visita de algún escritor de cuentos o poemas infantiles. En nuestro país tenemos destacados escritores tales como Cecilia Beuchat, María Luisa Silva,

Ana María Güiraldes, entre otros, quienes podrían visitarlos, leerles alguna de sus obras y, responder a las inquietudes surgidas.

■ CONOCIENDO UNA BIBLIOTECA

Comentábamos anteriormente que es muy necesario contar con una biblioteca de aula, situada en un lugar lo más tranquilo posible, provista de libros variados: colecciones de cuentos, cómics, suplementos infantiles de periódicos, textos auténticos, afiches, revistas, libros de conocimientos, de viajes, libros ilustrados y escogidos con cuidado. Tampoco hay que olvidar que es preciso enseñar a los niños a ***valorar y cuidar bien los libros***: aprender a forrarlos, pegar los lomos cuando estos se estropean o bien pegar alguna página que se haya salido.

Como proyecto de curso se puede diseñar un carné de biblioteca y que, por turnos, los mismos niños ejerzan el rol de bibliotecario y lleven un registro de los libros solicitados, los más leídos, etc.

También es necesario que los niños conozcan la biblioteca del colegio y otras de la comuna, que aprendan cómo buscar información y qué tipo de libros pueden encontrar en ellas. En nuestro país han surgido iniciativas que permiten acercar la lectura a los niños, por ejemplo, algunas bibliotecas municipales, otras instaladas en diferentes centros comerciales, en colegios y también en el metro de Santiago. Se caracterizan por ser atractivas y con una gran cantidad de obras dedicadas a los más pequeños; en ellas los niños podrán encontrarse con cuentacuentos y participar de numerosas actividades que fomentan el gusto por la lectura.

■ NUESTROS FAMILIARES NOS CUENTAN CUENTOS

Una actividad que resulta atractiva y con un fuerte componente afectivo es que los niños reciban en su escuela la visita de algún familiar, por ejemplo sus abuelos para que les narren un cuento o una historia.

Casi todos nuestros escritores recuerdan la agradable experiencia de oír a sus abuelas, padres, nanas, vecinos o profesores narrar cuentos, y consideran que su afición a la literatura y su vocación de escritores comenzó al escuchar las palabras de estas personas que, incluso en algunos casos, eran analfabetas.

La tradición oral prácticamente ha desaparecido en nuestra cultura, pero debemos volver a aprender a contar cuentos, historias, anécdotas, rimas, etc. Tenemos que ser conscientes de la trascendencia que tiene el contar al niño historias. Pueden ser inventadas por nosotros o bien extraídas de nuestro bagaje cultural, de la biblia, de la historia, o de nuestra experiencia personal, recuerdos de infancia y anécdotas. Más importante que lo que se cuenta es la manera como se dice y el hecho mismo de hacerlo.

La narración del cuento debe hacerse en un momento determinado, en el que se pueda crear un clima especial entre narrador y oyentes; se debe buscar el disfrute estético de los niños. Es fundamental recordar que la narración oral, tanto la llevada a cabo por el profesor como la que realizan otros adultos, tiene que evitar la utilización de ilustraciones para que el niño oyente construya sus propias imágenes interiores asociadas a las palabras.

EVALUACIÓN DE LA LECTURA

La evaluación permite al docente conocer el progreso, evidenciar los logros y las dificultades de sus alumnos durante la etapa de adquisición de la lengua escrita, esta se debe realizar a lo largo del proceso que se lleva a cabo con los niños. Por lo tanto, debe ser flexible, permanente y, especialmente, consecuente con la concepción de aprendizaje que sustenta el modelo de enseñanza de la lectura y escritura que se ha adoptado.

En un modelo equilibrado de enseñanza es fundamental el proceso que sigue el docente para la realización de diagnóstico, reflexión, verificación y confrontación de los aprendizajes adquiridos por los estudiantes durante la construcción de los procesos de comprensión y producción de textos. Las evidencias obtenidas en el día a día le permitirán tomar decisiones en relación con las estrategias más adecuadas para trabajar con el curso completo, con cada grupo y con cada alumno en particular; podrá establecer niveles lectores para acompañar a los niños en la superación de sus dificultades y en el fortalecimiento de sus competencias.

A continuación se presentan algunos instrumentos que permiten recoger evidencias del nivel lector de los estudiantes.

■ PAUTA DE EVALUACIÓN DE LA CALIDAD LECTORA

La siguiente evaluación tiene por objeto verificar la calidad de la lectura en voz alta de los estudiantes, con el fin de tomar decisiones. Esto nos permitirá agrupar a los niños de acuerdo a su nivel lector para apoyarlos y potenciar sus aprendizajes.

La evaluación se realiza en forma individual y se le solicita al estudiante que lea en voz alta un texto que se le entrega en una ficha, en forma paralela, el docente va registrando la lectura del alumno, anotando los aciertos, errores y correcciones. También se registra el tipo de lectura que realiza el niño, si reconoce algunas letras, si decodifica letra a letra, si su lectura es silábica, palabra a palabra, en unidades cortas o fluida.

En los siguientes cuadros se puede observar la ficha que se le entrega al estudiante y la pauta de registro del docente.

FICHA DEL ESTUDIANTE

Yo voy

Yo voy al parque.
Yo voy a la tienda.
Yo voy al cine.
Yo voy al zoológico.
Yo voy a la heladería.
Yo voy a la biblioteca.
Yo voy a mi cuarto.
Yo voy a dormir.

PAUTA DE REGISTRO DEL DOCENTE

PAUTA DE REGISTRO CALIDAD DE LA LECTURA ORAL

Nombre del alumno: _______________________________________

Curso: __________ **Fecha:** _____________

Pág.	Título: "Yo soy" autor: Kira Fred N°de palabras: 36	Niño lee	Correcciones
3	Yo voy al parque		
4	Yo voy a la tienda		
5	Yo voy al cine		
6	Yo voy al zoológico		
7	Yo voy a la heladería		
8	Yo voy a la biblioteca		
9	Yo voy a mi cuarto		
10	Yo voy a dormir		
	Totales		

Observaciones:

Este tipo de pautas se ocupa para evaluar la lectura independiente de los niños, se va registrando lo que el niño exactamente lee y en la columna de la derecha se registran las autocorrecciones realizadas por el propio estudiante. Posteriormente, se cuenta la cantidad correcta de palabras que leyó y se calcula el porcentaje.

Por ejemplo: un alumno lee correctamente 28 palabras de las 36, tendría un 77,7% de logro, lo que correspondería a un nivel bueno.

0 - 59%	Insuficiente
60 - 69%	Suficiente
70 - 89%	Bueno
90 - 100%	Muy bueno

También es importante registrar en el recuadro de las observaciones, la calidad de la lectura, los tipos de errores, qué palabras le costó más decodificar, qué palabras lee con bastante fluidez; todas estas observaciones nos permitirán tomar decisiones con respecto a las mejores estrategias de lectura que debo ocupar con ese estudiante en particular y la forma de potenciar su nivel lector.

Con el fin de que esta pauta no sólo permita determinar la calidad de la lectura sino verificar la comprensión, se podría antes de iniciar la lectura formular algunas preguntas, tales como:

- ¿A qué lugares tú vas habitualmente? *(establecer conexiones)*.

- ¿A qué lugares crees que podrá ir un niño? *(predicción)*.

Después de la lectura se podría preguntar:

- ¿A cuál de los lugares te habría gustado ir? ¿Por qué? *(pregunta valorativa)*.

- ¿A cuál lugar no te habría gustado ir? ¿Por qué? *(pregunta valorativa)*.

■ PAUTA DE OBSERVACIÓN LECTURA EN VOZ ALTA

Esta pauta es útil para que otro adulto registre el comportamiento de los estudiantes durante la lectura en voz alta y en las observaciones se pueden consignar aquellos aspectos que más nos llamaron la atención como observadores, por ejemplo: comportamiento de algunos niños, algunas respuestas, si se respetan las normas previamente establecidas, interés de los niños en la lectura, etc.

Este registro nos permitirá tomar decisiones para planificar las futuras lecturas en voz alta.

También es factible que el profesor confeccione una lista de chequeo con el fin de observar a un pequeño grupo de estudiantes y, al finalizar la lectura, el docente completa la pauta, lo que le permitirá ir evaluando periódicamente a diferentes alumnos.

PAUTA DE OBSERVACIÓN DE LECTURA EN VOZ ALTA								
CONDUCTAS DE LOS ESTUDIANTES	Estudiante xx			Estudiante xx			Estudiante xx		
	Sí	No	Fecha	Sí	No	Fecha	Sí	No	Fecha
1. Manifiestan una escucha atenta hacia sus compañeros y el profesor.									
2. Participan activamente mientras dura la lectura en voz alta.									
3. Hace predicciones adecuadas al contexto									
4. Establece conexiones									
5. Clarifica el significado de alguna palabra									
6. Responde preguntas explícitas									
7. Responde prguntas inferenciales									
8. Argumenta sus respuestas									
9. Se muestra entusiasmado con la lectura									

Nota: Esta pauta también se puede ocupar después de una lectura compartida o de una lectura guiada.

Aparte de las pruebas que podemos realizar para evaluar la comprensión de lectura de nuestros alumnos, durante la lectura guiada podemos ir registrando el comportamiento lector y el progreso de cada uno de los niños del grupo en cuanto a:

- Calidad de la lectura: Si es capaz de leer fluidamente, o si lee en unidades cortas o palabra a palabra o silabeando. Si confunde letras, si hace inversiones, etc.

- Decodificación: Si es capaz de utilizar las fuentes que proporciona el mismo texto para decodificar las palabras difíciles, por ejemplo: las ilustraciones, el largo de la palabra, la letra inicial, el contexto, etc.

- Comprensión de lectura: Si es capaz de realizar predicciones a partir del título del libro o de la ilustración que aparece en la portada, si establece

PAUTA DE OBSERVACIÓN DE LECTURA GUIADA O INDEPENDIENTE

Nombre:	Fecha:

CALIDAD DE LA LECTURA	Lectura fluida	Lectura unidades cortas	Lectura palabra a palabra	Lectura silábica	Lectura letra a letra
DECODIFICACIÓN (Usa fuentes de información)	Ilustración	El largo de la palabra	La letra inicial	El contexto	El tipo de letra

ANTES DE LA LECTURA

	Establece propósitos frente a la lectura	Realiza predicciones a partir del título o de la portada del libro		Establece conexiones	

DURANTE LA LECTURA

COMPRENSIÓN DE LECTURA	Realiza predicciones	Clarifica el significado de alguna palabra		Realiza inferencias	

DESPUÉS DE LA LECTURA

	Responde preguntas explícitas (Localiza información específica en un texto)	Responde preguntas inferenciales		Responde preguntas valorativas dando argumentos	

conexiones ya sea con sus propias experiencias o con datos que han aparecido en el texto; si puede clarificar el significado de algunas palabras utilizando el contexto o, por último, si es capaz de realizar inferencias, entre otras.

■ **PAUTA PARA EVALUAR LA APROXIMACIÓN Y MOTIVACIÓN POR LA LECTURA**

INDICADORES	Siempre	A veces	Nunca
Exploran textos y juegan a leer, marcando con el dedo el recorrido.			
Demuestran interés, motivación y agrado por la narración (audición-escucha atenta) de cuentos y otros tipos de textos.			
Solicitan que les cuenten y/o lean algunos textos literarios de su preferencia.			
Hacen como si leyeran manteniendo concordancia con su contenido, guiándose por ilustraciones diseños y formatos.			
Interrogan sobre el contenido y características de diversos textos de su interés (¿Qué dice ahí? ¿Qué significa esa palabra? ¿Por qué las letras son grandes o pequeñas?).			
Pueden mirar el libro de página en página, de principio a fin; y saben que cada libro tiene un título, autor e ilustraciones.			
Nombran las partes de un libro y sus funciones (estructura y uso).			
Distinguen cuentos, poemas, noticias y avisos a partir de su formato y de elementos gráficos e íconos.			
Reconocen diferentes tipos de textos según su función o utilidad, o propósito (cuento, receta, poema, invitaciones, diario).			

Tal como señaláramos anteriormente, resulta de vital importancia que el docente lleve un registro sistemático de las conductas lectoras de sus estudiantes y con esas evidencias seleccionar las estrategias más adecuadas para cada grupo y así poder potenciar a cada alumno de acuerdo a su nivel lector.

CAPÍTULO IV

DESARROLLO DE LA ESCRITURA EN EL NIVEL INICIAL

"Escribir es una de las mejores maneras de aclarar y ordenar nuestro pensamiento.

A diferencia de la comunicación cara a cara, lo que se busca en la escritura es comunicar algo a un interlocutor que no está presente, por lo que se necesita un esfuerzo especial para expresar las ideas de manera coherente".

(Mineduc, 2012, p. 39)

La lectura y la escritura son actividades complejas e indispensables para acceder a la cultura; son procesos interpretativos y recíprocos a través de los cuales se construye significado. "La reciprocidad entre la lectura y la escritura es una conexión esencial que todos los estudiantes necesitan desarrollar" (Swartz, 2010, p. 46). Ambos procesos van de la mano y están ligados al desarrollo del lenguaje y a las experiencias lectoras en las que participa el niño.

Los niños se van apropiando de la lengua escrita de una forma natural, mediante experiencias de lenguaje que se presentan en las situaciones sociales cotidianas y de juego que tienen sentido para ellos. Encuentran textos en los afiches que ve en la calle, en los mensajes del celular, en la publicidad de los diarios y la TV, en los productos del supermercado o en los videos juegos, en los textos funcionales que utilizamos en las actividades diarias, entre otros.

Este proceso de alfabetización hace posible que el niño acceda a la cultura, utilizando la lectura y la escritura como medios para acceder al conocimiento y a la información. Por medio de la lectura y la escritura, el niño se comunica con los demás y va ampliando su conocimiento acerca del mundo que le rodea.

Todos los niños, independientemente de su cultura o de su nivel socioeconómico, al llegar a la escuela ya tienen conocimientos acerca de la lengua escrita. Estos conocimientos los han adquirido a partir del uso funcional de su lengua en el contexto en que ellos viven; la apropiación de la lengua escrita es un proceso constructivo, interactivo y de producción cultural (Chávez, 2001).

La escritura cumple diversas funciones. Por una parte, es una habilidad fundamental para la participación en sociedad, tanto en contextos públicos como en la vida cotidiana, así como para el aprendizaje en todas las asignaturas del currículo porque permite procesar el conocimiento. Por otra parte, la escritura es el medio que tenemos los seres humanos para representar nuestro pensamiento y darlo a conocer a los demás.

Escribir no es dibujar letras o colocar signos en un papel. "Escribir es un proceso en el que intervienen tanto los aspectos de notación gráfica como aquellos relacionados con el lenguaje; escribir es producir un texto escrito" (Fons, 2011). El fin último de la escritura es la comunicación, se escribe algo para alguien y esto implica saber lo que se quiere comunicar, conocer al lector y manejar diferentes textos y géneros discursivos, y seleccionar el más adecuado para el propósito comunicativo.

Esta idea de producción tiene sustento en numerosas investigaciones relacionadas con el desarrollo de la escritura en los niños; Ferreiro y Teberosky (1989) han señalado que el conocimiento de la lengua escrita se va construyendo a partir de las experiencias con el mundo letrado y del uso que los niños hacen de su lengua. El proceso de adquisición de la lectoescritura es paulatino y se manifiesta en una serie de etapas que el niño va alcanzando; en ellas se puede apreciar el progreso en su conocimiento del sistema alfabético. A medida que el niño crece e interactúa con el mundo letrado, amplía sus conocimientos acerca de la lengua y se va acercando a la escritura convencional.

Las autoras ofrecen una descripción evolutiva del desarrollo de la escritura en el niño y un modelo teórico que explica cómo ellos van apropiándose de la lengua escrita en su interacción con el medio y con los adultos alfabetizados. Esto refuerza la postura de que el aprendizaje de la lectura y escritura es un proceso constructivo y socio constructivo.

ETAPAS DEL DESARROLLO DE LA ESCRITURA

Los resultados de la investigación en sicogenética de Emilia Ferreiro, realizados a partir de 1970, han tenido gran impacto en la enseñanza de la lectura y escritura; la autora señala que el niño va construyendo la escritura a medida que se formula hipótesis de lo que significa escribir. En un primer momento no es capaz de diferenciar dibujo de escritura, luego representa las letras con pequeños símbolos para, finalmente, llegar a establecer correspondencia entre sonidos y grafías. Estas etapas sucesivas se describen y ejemplifican a continuación:

Etapa I: Escritura presilábica: En las producciones gráficas de esta etapa, aparecen pequeños círculos, palitos y distintas formas no icónicas. Se combinan dibujos con marcas gráficas que simulan grafías, letras inventadas junto con letras conocidas.

CONSTANZA

Etapa II: Escritura silábica: En esta etapa es posible detectar que el niño establece una relación entre la palabra hablada y la palabra escrita; representa una sílaba con una grafía.

MARIPOSA

Etapa III: Escritura silábico alfabética: En esta etapa, el niño intenta hacer corresponder los sonidos y las grafías. Utiliza tanto la forma silábica de la etapa anterior, (una grafía para cada sílaba), como la alfabética (un sonido para cada grafía).

MARÍA

Etapa IV: Escritura alfabética: En este nivel se establece y generaliza la correspondencia entre sonidos y grafías con valor sonoro convencional. En este momento el niño tiene cierto dominio del código y se aproxima a la escritura convencional.

CONSTANZA ALVARADO

Considerando estos hallazgos, cabe preguntarse cuál es el sentido que los educadores atribuyen a las actividades de "preparación" para la escritura, que aún se realizan en muchas escuelas, con el propósito de que los niños enfrenten con éxito el aprendizaje de la escritura, tareas que, por lo demás, están centradas sólo en aspectos motrices, son repetitivas, carecen del sentido del uso de una lengua. Sumado a lo anterior, generalmente estas tareas son iguales para todos los niños del curso, no consideran la etapa de desarrollo de la escritura en la que se encuentra cada niño y no son acordes a la diversidad de personas que naturalmente convive en la sala de clases.

Goodman, en el año 1992, ya planteaba que en una sociedad alfabetizada los niños aprenden cosas sobre el lenguaje escrito, NO como resultado de la enseñanza de la lectura y escritura en la escuela, sino porque han sido miembros de una sociedad alfabetizada, durante cinco o seis años. La investigación ofrece argumentos sólidos a los educadores para que superen la visión conductista de la escritura en la que se prioriza la repetición de modelos y se aproximen a la escritura como un proceso de construcción de significados, fundamental para la comunicación y desarrollo del pensamiento (Caldera, 2006, Álvarez, 2010).

Depende de:

Desarrollo cognitivo - Inmersión en el mundo letrado

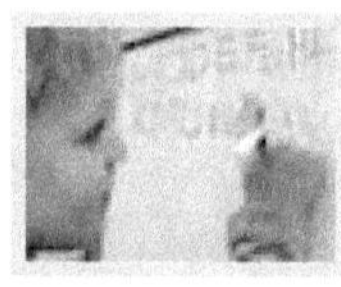

Etapa presilábica 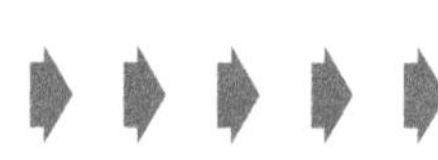 **Etapa alfabética**

Necesita de:

Un adulto mediador y oportunidades para escribir

El aprendizaje de la lectura y escritura, si bien es un proceso de construcción personal en el que se involucran los conocimientos y experiencias de cada estudiante, no se puede realizar solo, se requiere de un educador mediador que guíe y apoye ese proceso, de los miembros de la familia que estimulen y participen del mismo, y de los pares que mediante el intercambio y el diálogo se apoyan mutuamente para el logro de los aprendizajes. A modo de síntesis, el progreso del niño en la escritura, desde la etapa pre silábica a la alfabética, dependerá de su propio desarrollo cognitivo, de su inmersión en el mundo letrado y de las oportunidades de aprendizaje que los adultos alfabetizados le ofrezcan.

ESTRATEGIAS PARA APOYAR EL DESARROLLO DE LA ESCRITURA INICIAL

Reiterando la importancia de los adultos como mediadores en el proceso de aprendizaje de los niños, la autora Fons, M. (2011) sugiere algunas tareas para apoyar a los niños de educación inicial en sus primeros pasos hacia la adquisición de la lectura y la escritura.

- Potenciar el entorno letrado en la familia y en la escuela, de manera que en cada espacio en el que el niño interactúe, pueda encontrar experiencias de lectura y escritura.

- Facilitar experiencias de lectura y escritura que tengan un sentido para el niño, de modo que pueda conocer el código y también las diferencias entre los diferentes textos y discursos.

- Leer en voz alta a los niños para que ellos se familiaricen con los textos, observen lo que hace un lector experto, se motiven a leer y puedan vincular la lectura con la escritura.

- Participar en actividades de escritura con los niños, ya sea escribiendo lo que ellos dictan al adulto o realizando una escritura conjunta en la que ambos aporten sus conocimientos.

- Relacionar la lengua oral con la lengua escrita; así el niño podrá entender que lo que se dice se puede escribir y luego leer.

- Animar a los niños para que experimenten con la lectura y la escritura, y propiciar situaciones de trabajo colaborativo en las que se apoyen mutuamente.

- Aprender a esperar, porque leer y escribir son procesos complejos que requieren tiempo, cada niño tiene su ritmo, también es necesario que el adulto dé el tiempo necesario para que ellos investiguen, se pregunten y experimenten con la lectura y la escritura.

- Reconocer el trabajo que el niño ha realizado, valorar lo que él sabe de escritura y retroalimentarlo oportunamente para que mejore su trabajo.

Complementando las ideas anteriores y asumiendo que cada niño tiene conocimientos, intereses y experiencias diferentes que le permiten construir su proceso de aprendizaje en la interacción con un adulto mediador, sugerimos a los educadores que en su tarea de mediadores consideren las siguientes tareas:

- Hacer que el niño se sienta participando de su propio proceso de aprendizaje mediante la selección de cuentos, actividades o soportes para la escritura.

- Considerar los conocimientos que cada niño tiene con respecto a la lengua escrita, de este modo se podrá planificar actividades desafiantes, variadas y adecuadas para el desarrollo de su lenguaje.

- Tener en cuenta que el objeto de aprender lengua es su uso; las actividades que se diseñen tienen que estar en función de un marco comunicativo y estar lo más cercanas a situaciones reales.

- Mantener en la sala variados textos, con temáticas, formatos y distinto nivel de complejidad para que los niños tengan la opción de elegir y ampliar su conocimiento, pero sin tener que sentirse frustrados frente a un material que no es el adecuado.

- Hacer que la sala sea un lugar de aprendizaje de la lengua, que esté organizada con espacios destinados a la lectura y escritura y que se aprecien los textos escritos por los niños. Es decir, que se transforme en un escenario en el que se pueda leer lo que se ha escrito y se pueda escribir acerca de lo que se ha leído o escuchado.

- Permitir la interacción entre los alumnos mediante actividades que requieren de la negociación y del trabajo cooperativo, ya sea en grupos pequeños o de mayor tamaño.

- Aprovechar los errores como una herramienta de aprendizaje, utilizándolos para una nueva explicación que lleve al niño a construir su conocimiento y mejorar su desempeño.

- Considerar la variedad lingüística de los niños, por ejemplo, alumnos de distintos países o regiones del país, hijos de padres de que tienen trabajos y profesiones diferentes; valorando la diversidad y enriqueciendo el conocimiento de la lengua.

- Tener en la sala de clases suficientes materiales para la tarea de escribir: lápices de diferente grosor, atriles para la producción de textos, pizarras pequeñas, papeles, computador, *tablet* y espacio para publicar los textos escritos, entre otros.

- Favorecer un clima de trabajo en la sala de clases con normas y rutinas de trabajo claras, sin pérdidas de tiempo, con actividades desafiantes y adecuadas a los niños de ese nivel.

- Transferir la responsabilidad del aprendizaje al alumno para desarrollar su autonomía, en un comienzo el niño será observador de lo que el profesor escribe, luego lo realizarán en conjunto y, finalmente, será el niño quien debe enfrentar solo su tarea de escritura, en tanto que el adulto lo observará, evaluará y retroalimentará.

El desafío de hoy, en un mundo altamente tecnologizado y en el que prima lo inmediato, es lograr que los niños construyan un conocimiento sobre el lenguaje escrito afectivamente grato y cognoscitivamente crítico, reflexivo y creativo (Chávez, 2001).

COMPONENTES CLAVES DEL PROCESO DE APRENDER A PRODUCIR TEXTOS

Entendiendo la complejidad de la enseñanza y aprendizaje de la lengua y considerando que el aprendizaje del código escrito es un proceso cognitivo que se desarrolla por la necesidad de interactuar con el medio cultural y que depende tanto de factores individuales como de la estimulación del medio, es necesario precisar las competencias involucradas en el aprendizaje de la escritura, con el propósito de diseñar actividades y seleccionar estrategias adecuadas para apoyar su desarrollo en los niños:

CONOCIMIENTO ACERCA DE LO IMPRESO: Es uno de los elementos necesarios para que el niño inicie la enseñanza formal de la lectura y escritura. Es el proceso mediante el cual el niño se familiariza con el lenguaje escrito; descubre que el mundo que le rodea está lleno de textos impresos que quieren comunicar algo, que tienen estructuras que los distinguen y que tienen variados propósitos comunicativos.

Los niños aprenden el lenguaje escrito antes de ir a la escuela porque pertenecen a una sociedad que es alfabetizada. Ellos, en forma natural y espontánea empiezan a explorar su entorno para encontrar significados, reconocer símbolos y descubrir las convenciones de la escritura; por ejemplo, que en nuestra lengua se lee y se escribe de izquierda a derecha o de arriba abajo, que las letras son diferentes de los números, que las palabras son diferentes de las imágenes, y que hay signos de puntuación que nos ayudan a organizar el texto para comprenderlo mejor.

Para ayudar a los niños a construir el conocimiento acerca de lo impreso, se sugiere a los padres y profesores de estudiantes de educación inicial:

- Arreglar lugares especiales que contengan libros, además de los materiales necesarios para escribir. El niño puede disfrutar la lectura para luego intentar escribir el nombre del personaje, el título del cuento leído o una palabra que le llame la atención.

- Hablar sobre cómo funcionan los libros. Deje que el niño abra el libro y cambie las páginas, indíquele donde está el título, el nombre del autor o el índice y después propóngale que él escriba un índice o una portada de cuentos.

- Señalar la dirección de la escritura cuando lea en voz alta para que el niño escriba en la dirección correcta.

- Proponer actividades de escritura que sean motivadoras para el niño a partir de una lectura o de otra experiencia en la escuela, por ejemplo, una visita al supermercado: escribir los nombres de productos, tener en la sala logos diferentes para que pueda leer y reconocer aquellos que vio en la visita, escribir el nombre de algunos productos y asociarlos a su logo, completar logos con letras faltantes, escribir nombres de personas que empiecen con la misma letra de un logo.

Coca-Cola　　　Constanza - Carmen - Carlos

- Mostrar las palabras que se encuentran en la vida diaria, por ejemplo, el nombre de un diario, el de los negocios del barrio, de las calles aledañas o el de las personas que trabajan en la escuela, entre tantos otros.

- Muestre cómo la lectura le ayuda a hacer cosas todos los días, por ejemplo, cocinar, ir de compras o visitar un lugar. Extienda esta experiencia a la producción de textos, que puede surgir de las actividades que habitualmente realizan los niños, por ejemplo, escribir una receta para cocinar, la lista de los productos que es necesario comprar y su precio, la lista de los insumos de cocina que se necesitarán.

- Dejar un espacio preparado con materiales para escribir, por ejemplo, diferentes papeles, lápices, letras móviles, pequeñas pizarras, computador, *tablet* o teléfonos móviles.

- Realizar caminatas en el barrio o en diferentes entornos para descubrir mediante la estrategia de "jugar a leer" lo que se dice en los diferentes textos: nombres de calles, de negocios o edificios, entre otros, para luego "Jugar a escribir" lo que se leyó en la caminata.

- Dejar un espacio en la sala para diferentes textos de la vida diaria en los que aparecen ejemplos de escritura; por ejemplo, una receta de cocina, una boleta de supermercado, tarjetas de invitación, marcas o logos, una receta del doctor o afiches, entre otros. Estos le servirán como modelos para que más adelante escriba un texto con esa estructura y una determinada función del lenguaje.

ORTOGRAFÍA: La ortografía o correcta escritura de las palabras de un idioma es una convención cultural, en una primera instancia, dicha convención implica conocer los códigos o letras que usamos para escribir. Los códigos representan los sonidos de la lengua que hablamos.

El conocimiento de las letras del alfabeto implica conocer el nombre de cada una y distinguir su sonido dentro de las palabras, este conocimiento constituye la base para acceder al código y lograr la capacidad de decodificación y alcanzar la conciencia fonológica.

En una segunda instancia, la correcta escritura de las palabras implicará conocer las normas que rigen la escritura en el aspecto literal, acentual y puntual. **En la medida que conocemos y aplicamos las convenciones de la escritura estaremos construyendo textos comprensibles para los demás.**

Tanto aprender a escribir correctamente como enseñar ortografía, son tareas no exentas de dificultad, por ejemplo, en el aprendizaje de la ortografía literal el componente visual es altamente importante, en tanto que en la ortografía acentual lo es el componente auditivo, por otra parte, si se estudian los sistemas de uso habitual para la enseñanza de la ortografía, es decir, desde el aprendizaje de reglas ortográficas, se advierte en ellos un proceso de razonamiento adulto que no es el mismo que sigue el niño.

Los estudios actuales de ortografía aun no pueden dar explicaciones integrales acerca del conocimiento ortográfico y su complejidad pero coinciden en diversos factores intervinientes, entre otros, fonológicos, gráficos o gramaticales.

Es importante que los profesores conscientes de esta complejidad entiendan que la manera correcta de escribir tiene un sentido que trasciende el error: el saber comunicar y compartir significados pertinentes en la sociedad que se vive, entonces es importante diseñar situaciones didácticas con estrategias metalingüísticas variadas para la resolución de tareas de escritura, utilizar el error como fuente de aprendizaje y ayudar a los niños a construir el conocimiento ortográfico desde los primeros niveles.

Para ayudar a los niños a construir el conocimiento ortográfico, se sugiere:

- Mantener abecedarios a la vista, de manera que los niños estén expuestos al alfabeto, por ejemplo, abecedarios en los bancos o en la muralla, letras magnéticas, juegos de letras, teclados de computadores, entre otros.

- Diseñar actividades de escritura que apoyen el desarrollo de la conciencia fonológica; por ejemplo, qué nombre empieza con..., con qué letra se escribe...

- Incorporar ciertas convenciones de la escritura desde pequeños, por ejemplo, mayúsculas en nombres propios, tildes en palabras de uso frecuente y uso de punto al final de un texto.

- Exponer al niño a ambientes ricos en textos escritos, de manera que visualmente vaya internalizando la escritura correcta. Tanto los textos que escribe el profesor como los que escriben los niños y se publican en la sala deben estar escritos correctamente, sin errores ortográficos.

- Dejar un espacio en la sala para la "Pared de palabras", en la cual se publiquen las palabras de uso frecuente, de manera que el niño vaya internalizándolas al verlas y usarlas todos los días en la escritura, como por ejemplo: *Había una vez, hay, hoy* u otras que van emergiendo de los mismos libros que se leen en clases.

- Explicitar ciertas convenciones de la escritura y modelar su uso, por ejemplo, cuando la profesora escribe es conveniente que verbalice esos usos, por ejemplo, que el nombre que escribe empieza con mayúscula, que determinada palabra lleva tilde o que al final de un párrafo se utiliza el punto.

- Apoyar el desarrollo de la escritura en colaboración con profesores de diversas disciplinas; el aprendizaje de la lectura y escritura es tarea de todos porque ambas habilidades son los medios para acceder al conocimiento y dar cuenta del mismo.

ESCRITURA MANUSCRITA: Escribir implica tener un conocimiento de las grafías para representar el lenguaje y de las convenciones que utilizamos al escribir, por ejemplo, escribir de izquierda a derecha o de arriba hacia abajo.

Cada signo gráfico tiene particularidades que el niño debe conocer, por ejemplo, ubicación en el plano caligráfico, tipo de movimientos ascendentes o descendentes, como también la ordenación del texto en cuanto al espaciado entre palabras, entre otros aspectos. **En la medida que escribamos con claridad y con una letra adecuada estaremos construyendo textos legibles para otros.**

El tipo de letra que se utilice para empezar el proceso de escritura no es único; el niño en su entorno se encuentra con distintos tipos de letras, por ejemplo, en la sala de clases, en el periódico, en logos o en afiches. Sin embargo, es importante señalar que el niño, en forma natural, escribe sus primeras letras en *script* o imprenta porque es el tipo de letra que ve al leer y que le cuesta menos hacer porque requiere la coordinación de menos músculos finos. A medida que avanza en su aprendizaje y luego que ya ha alcanzado la etapa de escritura alfabética, le será más fácil utilizar también la letra cursiva; es importante respetar el avance de cada niño en este proceso.

Si lo que queremos es privilegiar la producción de textos, entonces no focalicemos la enseñanza de la escritura en la calidad de la letra en forma tan desmedida que al niño le resulte tedioso escribir, porque debe realizar una serie de copias o ejercicios de caligrafía que no tienen sentido y no contribuyen a utilizar la lengua con un fin comunicativo. Escribir es representar el pensamiento a través de la producción de textos; no es la mera representación de signos.

Para ayudar a los niños de educación inicial a construir el conocimiento de la escritura, se sugiere:

- Tener alfabetos en modelo imprenta y cursiva.

- Tener alfabetos próximos al lugar en que escribe el niño (pizarrón o bancos) para que pueda observar cómo es el trazado de cada letra.

- Utilizar tanto la letra cursiva como la *script* o imprenta.

- Ayudar a que el niño entienda que hay distintas formas de escribir; por ejemplo, se puede escribir con la mano, pero también con el teclado del computador o con el del teléfono celular.

- Tener textos con variados tipos de letra; por ejemplo, el periódico, un afiche, cuentos o una carta escrita a mano.

PRODUCCIÓN. La escritura es una tarea compleja que involucra demandas motrices, cognitivas y metacognitivas, lingüísticas y socioculturales. El proceso de adquisición y dominio de la escritura es gradual y progresivo, no se agota en el primer año de escolaridad y tampoco es responsabilidad sólo del profesor de lengua; este proceso se desarrolla durante toda la vida escolar y sigue consolidándose en la vida adulta.

En este proceso cognitivo se requiere la participación activa del escritor en operaciones complejas que implican planificar, textualizar y revisar el texto escrito. En el proceso de producción escrita están implicadas variables internas **de quién escribe**, como por ejemplo el conocimiento acerca de lo que se escribe, la motivación para escribir y otras relacionadas con la audiencia o **para quién** se escribe. El **qué** y **para qué** se escribe determina el tipo de texto, por ejemplo, si es narración, información o argumentación y el género discursivo más adecuado a la situación, entre ellos cartas, afiches, cuentos, recetas, etc.

Cuando el escritor **planifica**, tiene una idea previa acerca de lo que quiere escribir; para ello debe identificar el tipo de texto que va escribir, el propósito del mismo o el tipo de lenguaje, entre otros aspectos. En esta etapa, es importante el diálogo entre profesor y alumno para activar conocimientos previos en relación al tema que se quiere escribir, para guiar la selección de fuentes de información y la organización del texto.

En el momento de la escritura o **textualización**, el escritor vierte sus ideas en el papel o en el computador en que escribirá y necesita conocer los aspectos formales de la lengua para que su texto sea comprendido por el lector. En este momento, el educador debe estimular al niño para que se sienta exitoso al escribir y estar disponible para ayudarlo a mejorar su trabajo, ofreciéndole, además, el espacio adecuado y el tiempo suficiente para que realice con éxito su tarea.

En el momento de la **revisión**, el escritor relee su escrito para buscar aquellas imperfecciones que pueden ser mejoradas. El educador orienta esta revisión haciendo notar el valor de lo que el niño quiere decir en relación con lo que él planificó; posteriormente podrá apoyarlo para que él corrija aquellos aspectos relacionados con la escritura convencional.

Durante años, la revisión que hace el profesor de los textos escritos por los niños se ha centrado en detectar los errores ortográficos o gramaticales, más que en los aciertos por lo que se quiere comunicar. Es importante no inhibir el proceso de producción escrita de los niños, los errores detectados se pueden utilizar para nuevos aprendizajes de grupos de niños y en el caso que los errores sean repetitivos para muchos, se utilizan para el aprendizaje de todo el curso.

Los niños pequeños necesitan aprender que el lenguaje escrito tiene una función social, porque a través del texto escrito nos comunicamos con otros y aprendemos acerca de lo que ocurre en nuestro entorno. Por ejemplo, los niños saben que a su ciudad llegará un circo porque lo han leído en diferentes afiches o conocen diferentes marcas de productos porque han visto y leído logos que se asocian a ellos o saben qué día será mañana porque tienen un calendario en casa.

Es importante que los alumnos entiendan que la escritura puede ser utilizada para distintos propósitos, por ejemplo, para describir una persona o un lugar, narrar algo que les ha sucedido o que han visto, darse a conocer a través del relato de sus anécdotas, registrar las tareas de la vida escolar, informar acerca de una noticia ocurrida en el curso o invitar a su fiesta de cumpleaños o también escribir para estudiar, entre otros tantos propósitos.

Las tareas de escritura deben ir aumentando en complejidad. En los primeros años se escribirán palabras, luego oraciones que irán creciendo hasta formar párrafos y más adelante textos variados que luego serán parte de distintos géneros discursivos. También se ampliará el soporte que se utilice para escribir, en un comienzo lápiz y papel para llegar a los soportes tecnológicos que utilizamos actualmente.

Desde el punto de vista de la producción de textos y de acuerdo con el modelo de producción de Bereiter, C. y Scardamalia, M. (1987), los educadores deben apoyar el desarrollo del escritor desde un modelo de escritura de "decir el conocimiento" a uno de "transformar el conocimiento", es decir, desde un escritor novato a uno experto. Esto implica dar oportunidades de producciones variadas, significativas y cada vez más complejas y no centrar las tareas de escritura en la reproducción de lo que está escrito en el pizarrón o de lo que se investigó acerca de un tema en internet.

El proceso de producción de un texto se realiza en etapas que son simultáneas y que se inician con la planificación del texto, la escritura de un borrador, la edición del mismo para finalizar con un texto que puede ser publicado. Para lograr esto, no basta con que el escritor domine los aspectos motrices, debe tener conocimientos lingüísticos de carácter léxico y morfosintáctico, conocer los requisitos textuales como adecuación, coherencia, cohesión, además de las normas de ortografía.

Para ayudar a los niños de educación inicial a construir el conocimiento de la escritura, sugerimos a los educadores que promuevan la escritura con diferentes propósitos y se preocupen de:

- Diseñar actividades de escritura en un contexto y con un propósito; por ejemplo, si el profesor ordena la sala con los niños, ellos podrían escribir rótulos con el nombre de los objetos de la sala para clasificar y ordenar, o anotar el nombre de los niños para la lista de asistencia. Si el profesor piensa en una celebración, entonces la escritura se podría utilizar para hacer la lista de lo que se necesita comprar o la lista de invitados, entre otros.

- Tener en la sala distintos tipos de textos y géneros discursivos, ojalá en formato grande para que los niños se familiaricen con su estructura.

- Leer variados tipos de textos y conectar las actividades de lectura con las de escritura.

- Hacer compilaciones con los textos que los mismos niños producen y luego leerlos en la sala, por ejemplo, un recetario, un libro con cuentos o una enciclopedia con datos y características de animales.

- Orientar al niño en cada una de las etapas de la producción textual y propiciar su participación en la evaluación de sus producciones con el fin de que ellos mismos puedan mejorarlas.

- Organizar proyectos que promuevan la escritura con distintos propósitos, por ejemplo, en un proyecto orientado a mejorar el ambiente de trabajo en la sala de clases se podrían escribir listas con nombres de encargados, las normas de la sala o un inventario con los libros de la biblioteca.

MOTIVACIÓN POR ESCRIBIR: Si entendemos que la escritura está relacionada con la producción de textos y no con la transcripción, entonces resulta imprescindible tener motivos para escribir, tener algo que comunicar a otro, además de saber que se puede escribir con distintos propósitos.

La escuela es un ámbito de interacción social en la que se utilizan géneros discursivos propios de un entorno social escolar y que los alumnos deben conocer para desenvolverse en él; por ejemplo, deben saber cómo se hace un trabajo de ciencias o cómo se hace una línea de tiempo en historia. Estas tareas, según lo señala Camps (2004), desencadenan situaciones en las que se necesita escribir un texto y constituyen motivos para hacerlo.

Puesto que escribir es un aprendizaje de índole cultural y no es una capacidad natural del ser humano, entonces el acto mismo se transforma en una condición para su aprendizaje, sin embargo, para ello es necesario tener motivos para hacerlo. La escuela, como espacio cultural, debería ser un espacio vivo del cual surjan diferentes motivos para escribir un texto. El profesor debe estar atento a las situaciones habituales que ocurren en la escuela y que se constituyen en motivos para escribir, por ejemplo, lo que ocurre en un recreo, en una fiesta de la escuela, en la celebración de una efeméride nacional o con las anécdotas que ocurren en la sala.

Para ayudar a los niños de educación inicial a tener motivos para escribir, se sugiere:

- Diseñar situaciones de escritura que tengan un sentido para el niño y estén de acuerdo con sus intereses. El acto de escribir, no puede ser "más de lo mismo" como dicen los niños, cuando esta actividad se limita a copiar lo que está en el pizarrón o a responder cuestionarios del texto escolar.

- Propiciar proyectos que se constituyan en un medio para realizar actividades de escritura y permitan relacionar distintas asignaturas; un proyecto de ciencias con una visita al zoológico, un proyecto de arte con una ida al museo, un proyecto de educación física relacionado con las olimpíadas o el mundial de fútbol.

- Apoyar al niño en su proceso de producción; desde prácticas en las que el profesor modela cómo se escribe hasta otras en que el estudiante es autónomo y produce por cuenta propia.

- Diseñar actividades de escritura en todos los subsectores de aprendizaje; todos los educadores contribuyen al aprendizaje de la lectura y de la escritura.

- Diseñar actividades evaluativas que permitan al niño tomar conciencia de lo que ha escrito con el fin de mejorarlo.

- Propiciar la escritura de textos variados, tanto funcionales como literarios, además de celebrarlos y publicarlos.

- Aprovechar las situaciones que ocurren en la sala para escribir, por ejemplo, escribir las fechas de las tareas en una agenda, que los niños busquen la fecha del día en un calendario y luego la escriban en su cuaderno o que feliciten a un compañero por escrito.

- Permitir la escritura digital en la sala de clases.

SUGERENCIAS DE ACTIVIDADES PARA FOMENTAR LA ESCRITURA EN EL AULA

Los niños van adquiriendo competencias en escritura en la medida que tienen oportunidades para utilizar la lengua escrita con múltiples propósitos y como medio para desenvolverse en las distintas actividades diarias que realizan en la escuela y en su entorno. Entonces es conveniente tomar en cuenta la necesidad de promover el aprendizaje de la escritura en contextos que sean significativos para el niño y precisando qué se escribe, para qué y cómo hacerlo; la escritura en el aula debe ser considerada como un medio de comunicación, con los mismos usos y funciones que tiene en la actual sociedad alfabetizada.

Las prácticas de escritura en el aula no sólo deben estar presentes, sino que además deben ser progresivas y desafiantes, de manera que los niños puedan apropiarse del código y, paulatinamente, vayan desarrollando el proceso de producción de textos.

Algunas tareas de escritura para la educación inicial, que pueden realizarse en el aula son:

- **Escribir el nombre propio**: Para todos los niños la escritura de su nombre es sumamente importante porque no sólo los identifica sino que, además, tiene una carga afectiva. En los primeros niveles, la educadora ayudará al niño para que escriba su nombre, le mostrará el abecedario para que pueda observar las letras y le ayudará en el reconocimiento de los fonemas, por ejemplo: ¿Con qué letra empieza tu nombre? ¿Conoces otros nombres con esa misma letra? ¿Qué otros sonidos tiene tu nombre? Después podrá escribir su nombre y apellidos y más adelante el de sus compañeros y amigos.

  Los niños pueden escribir su nombre en el banco, en el perchero en el que cuelgan su ropa, en la lista de curso, en la bolsa con la colación o en el cuadro de cumpleaños. El texto escrito con su nombre también servirá como una actividad de lectura; por ejemplo, los niños al llegar en la mañana leen su nombre en la lista de asistencia, o leen el nombre de los compañeros que ese día no fueron a la escuela o el nombre de los autores de un trabajo.

- **Escribir el nombre de los objetos de la sala**: El educador, junto con los niños podría nombrar los objetos que hay en la sala para clasificarlos y destinarles un lugar; por ejemplo, un envase para tijeras, otro para lápices, el estante para los libros o el canasto para la colación de la mañana. Al leer los rótulos, los niños aprenderán que cada objeto tiene un lugar en el que se deben dejar luego de utilizarlos.

- **Escribir las normas de la sala o del trabajo**: El educador junto con los niños podrían discutir acerca de las normas que favorecen el trabajo en la sala y luego escribirlas en un lugar visible para que puedan ser releídas muchas veces. Con este ejercicio de escritura estará aprendiendo cómo se construye un texto normativo.

- **Escribir nuevas palabras**: Las palabras nuevas que los niños van aprendiendo pueden ser escritas en un lugar visible en la sala de clases para que se utilicen en otras situaciones de aprendizaje. Por ejemplo, en la pared de palabras se pueden escribir palabras de uso frecuente que luego se utilizan para diversas tareas de escritura.

  También pueden escribir listas de palabras que correspondan a categorías; por ejemplo, nombres de verduras, nombres de productos de un kiosco o nombres de vestimentas, entre otros.

- **Agrandar oraciones**: Una vez que el niño ha aprendido a escribir palabras podemos ayudarle a escribir oraciones a partir de las mismas. Podemos ayudarlo con preguntas orientadoras cuya respuesta es parte de la oración. Al mismo tiempo podemos integrar el uso de algunos verbos y conectores además de algunas convenciones ortográficas como mayúsculas, punto al final de la oración y comas para describir.

  Por ejemplo, podemos leer un cuento y escribir el nombre de los personajes; luego mediante preguntas, el niño progresivamente completa su texto:

  Luego de leer el cuento, el profesor formula preguntas:

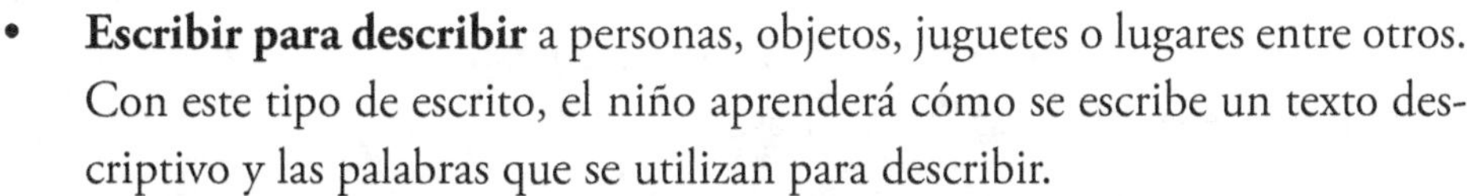

  - ¿Cuál es su nombre? Pinocho
  - ¿Quién es? Un muñeco
  - *Ej. Pinocho es un muñeco.*
  - ¿De qué está hecho? De madera
  - *Ej. Pinocho es un muñeco y está hecho de madera.*

- **Escribir para describir** a personas, objetos, juguetes o lugares entre otros. Con este tipo de escrito, el niño aprenderá cómo se escribe un texto descriptivo y las palabras que se utilizan para describir.

- **Escribir para regular el trabajo en la sala**: Los niños podrían escribir en un calendario las tareas que tienen que realizar, completar un cuadro que recuerde los cumpleaños o un cuadro con las tareas colaborativas en el aula.

- **Escribir para entretenerse y crear:** Los niños podrían realizar juegos de rimas y onomatopeyas que luego podrían escribir y dejar en un lugar destinado a juegos de escritura, por ejemplo: ***Mi papá se llama Ramón y le gusta comer jamón, mi mamá es Clementina y le gusta la cocina.***

- **Escribir para aprender**: Los niños pueden escribir en relación con los contenidos que están aprendiendo en otros subsectores, por ejemplo, un organizador gráfico con las características de los animales, un mapa de cuento (organizador gráfico) con los personajes de un cuento escuchado o las respuestas a un cuestionario.

- **Escribir para comunicarse y compartir**: En la sala, la educadora podría dejar un espacio o buzón donde los niños escribieran e intercambiaran mensajes al final del día o de la semana, por ejemplo, una invitación para jugar.

- **Escribir para argumentar**: Al final de la lectura de un cuento podrán argumentar si el cuento les gustó o no y por qué, o dar sus argumentos acerca de un conflicto u otras situaciones que ocurren en la escuela.

CONTEXTOS PARA EL DESARROLLO DE LA ESCRITURA

Para que el niño despliegue sus competencias de escritura, es necesario que el educador se comprometa con dicho proceso y ofrezca al alumno posibilidades reales de escritura a partir de contextos de los cuales surjan experiencias de escritura.

Un primer contexto real para el desarrollo de la escritura lo constituye la escuela; en ella se utilizan géneros discursivos propios del entorno social que los alumnos deben conocer para desenvolverse y para lograr los objetivos de aprendizaje de las distintas asignaturas.

Camps (2004), señala que es necesario tener motivos para escribir. Entonces, desde la realidad del aula debería surgir la necesidad de escribir textos con funciones variadas; por ejemplo, escribir un cuento, un informe de lectura, un resumen, un mensaje para un amigo, un problema matemático, un organizador gráfico o completar los distintos cuadros que como textos funcionales nos ayudan a organizar el aula y las tareas.

Otro contexto del que surgen motivos para escribir está constituido por las distintas actividades que se realizan en cada comunidad, por ejemplo, las actividades del centro comercial o de la plaza, lo que ocurre en la heladería, en el supermercado o en la feria del barrio; estos contextos ofrecen muchísimas oportunidades de escritura.

Una metodología interesante para aprovechar los diferentes contextos en el desarrollo de las tareas, no sólo de producción de textos sino también de lectura y desarrollo de la oralidad, la constituye la metodología de proyectos. Esta es una estrategia didáctica que permite a los alumnos conocer y aprender distintos contenidos en profundidad, a partir de experiencias reales y de la resolución a ciertos problemas que es necesario abordar para llevar a cabo el proyecto.

La metodología de proyectos asume un enfoque por tareas en la que es posible atender a la diversidad y necesidades de los alumnos, se hace algo real, se usa la lengua desde una perspectiva de comunicación y permite integrar distintos contenidos.

Puesto que la enseñanza de la escritura es un proceso complejo, que debe ser abordado por todos los profesores y no sólo por el de lenguaje, el diseño de proyectos como estrategia didáctica es una estupenda oportunidad para integrar aprendizajes de distintas asignaturas para los cuales la lectura y escritura se constituyen como una herramienta de aprendizaje. Los proyectos, además, ofrecen muchas posibilidades de actividades que pueden ser asumidas en forma individual o grupal, favoreciendo el desarrollo de la autonomía en el aprendizaje.

Una vez que los alumnos ya han adquirido el código, el proceso de producción se va haciendo más complejo en relación con la variedad de textos que el niño puede utilizar y producir para desenvolverse en la sociedad. La enseñanza debe ser intensiva, siguiendo una progresión en espiral, es decir, ampliando la dificultad y diversidad textual, acorde con los textos sociales en uso.

Para diseñar actividades variadas de escritura, con distinta complejidad y diversidad en el tipo de discurso, los educadores podrían apoyarse con alguna de las clasificaciones de textos, por ejemplo, según su función, su formato o su trama.

Al diseñar un proyecto sería interesante que el profesor analizara los diferentes textos que pueden ser leídos y escritos durante la experiencia. Para ello es conveniente tener claridad con respecto a su estructura y elementos que los caracterizan; por ejemplo, textos con predominio de una función informativa en los cuales el emisor presenta hechos y su intención es informar acerca de ellos, u otros en los que predomina la función expresiva y que toman en cuenta las emociones y reflexiones del emisor.

Actualmente en la literatura se encuentran diferentes clasificaciones o tipologías textuales cuyo fin es agrupar o clasificar los textos y discursos, y orientar el trabajo pedagógico del profesor para la enseñanza de la producción. Jolibert (1991) ofrece una clasificación que considera la función que predomina en el lenguaje, las habilidades que desarrollan y los textos más adecuados.

	HABILIDAD	TEXTOS
Imaginativa	Imaginar	Cuento, fábula, juegos lingüísticos
Informativa	Informar	Noticias, cartas, avisos, relatos
Instrumental	Hacer algo	Receta, instrucción de juego
Relacional	Interactuar	Tarjetas de invitación, correos electrónicos, mensajes
Heurística	Responder interrogantes	Entrevistas, cuestionarios
Normativa	Convivir	Reglas de convivencia de la sala de clases, agenda, calendario, cuadros de tareas
Personal	Darse a conocer	Anécdotas, descripciones personales, sentimientos, cuadro con cumpleaños
Apelativa	Llamar la atención	Anuncios, logos, afiches

Otra clasificación es la que ofrecen Kaufman y Rodríguez en Álvarez (2010), quienes organizan los textos a partir de la función predominante y su trama. Las autoras consideran cuatro tipos de trama:

Trama descriptiva	Estos textos presentan caracterizaciones de personas, objetos, lugares a través de sus rasgos distintivos.
Trama argumentativa	Permiten ejemplificar, explicar o confrontar ideas.
Trama narrativa	Se presentan hechos organizados en un eje de tiempo. Estos hechos les ocurren a unos personajes y en determinados lugares.
Trama conversacional	Se produce un intercambio lingüístico o diálogo entre personas o personajes.

Con respecto a los géneros discursivos, es importante señalar que en ellos puede haber variedad de tramas o tipos de textos. Por ejemplo, en un cuento cuyo propósito es relatar una historia, no sólo hay narración además hay descripción y argumentación; sin embargo, se puede reconocer que predomina la narración.

Creemos que antes de enseñar a escribir variados géneros discursivos, los profesores debieran apoyar a los niños en la escritura de diferentes tramas o tipos de textos

Un proyecto de escritura es una estrategia didáctica que permite enseñar a los niños a leer y escribir distintos textos a partir de las actividades tanto individuales como grupales que ellos realizan mientras participan en la experiencia.

Desde el punto de vista del proceso de enseñanza y aprendizaje, los alumnos resuelven problemas reales, la enseñanza es activa y se pueden integrar varias disciplinas; en tanto que desde el punto de vista del desarrollo cognitivo, las tareas se diversifican y el trabajo se focaliza. Asimismo, distintos autores, entre ellos Cassany 2000, Condemarín et al. 1992, se refieren a los proyectos como una estrategia para promover la producción de textos con estructuras lingüísticas más complejas a partir de situaciones comunicativas reales.

Por ejemplo, un proyecto relacionado con una visita al cine daría posibilidades a los niños para escribir invitaciones, calcular costos, calcular distancias, leer la cartelera del cine, recomendar películas, escribir una crítica o narrar por escrito la historia vista, entre muchas otras posibilidades de textos. Sería interesante que un proyecto sea preparado en conjunto entre varios profesores, de modo que las actividades que surjan apoyen el aprendizaje de distintas asignaturas.

A continuación se presentan ejemplos de proyectos que, a nuestro parecer, podrían realizarse con niños de educación inicial, y los textos que podrían leer y escribir ellos a través de las distintas actividades involucradas en el proyecto. Cada profesor debe velar para que la producción de los textos surja del contexto real y atienda a distintas modalidades discursivas.

En la mayoría de las ciudades existe una feria en la que se compran frutas y verduras frescas; una visita a la feria puede constituir un proyecto para integrar aprendizajes de distintos subsectores como ciencias, matemáticas o lenguaje. Algunos ejemplos de textos que podrían escribirse en educación inicial a partir de este proyecto son:

1. listas de nombres de frutas y verduras,
2. descripción de frutas y verduras,
3. diálogos entre compradores y vendedores,
4. narración de la visita a la feria,
5. normas para organizar la visita,
6. receta de cocina con algún producto de la feria,
7. entrevistas a los vendedores,
8. listas de precios de productos,
9. nombres de los locales de venta,
10. texto que describa frutas y verduras (texto colectivo),
11. avisos de ventas.

PROYECTO: EL CIRCO

Los circos encantan a todos los niños y ofrecen una oportunidad enorme para que disfruten del espectáculo, para que aprendan nuevas palabras o para que conozcan los oficios de los artistas circenses. Algunos textos que pueden escribirse a partir de esta experiencia pueden ser:

1. afiches de promoción de un circo,

2. solicitud de permiso para visitar el circo,

3. descripción de personajes,

4. sonidos onomatopéyicos,

5. nombres de oficios de quienes trabajan en el circo,

6. nombres de artefactos utilizados en el circo,

7. narración con la secuencia de personajes y actividades,

8. anuncios con la visita al circo,

9. descripciones de las actividades circenses, de los personajes o de la carpa,

10. información acerca de cómo llegar al circo,

11. entrevistas a los artistas,

12. problemas de matemática,

13. indicaciones para llegar al lugar.

PROYECTO: EL BARRIO

DE LA ESCUELA

El barrio es el contexto más próximo a los niños, en ellos se desarrolla parte de su vida; conocer el entorno donde se vive es un medio para lograr un sentido de pertenencia al lugar y a la comunidad.

De esta experiencia pueden surgir textos escritos tales como:

1. nombres de las calles,

2. nombres de los almacenes o supermercados,

3. nombres de productos que se vende en esos lugares,

4. indicaciones para llegar a un lugar,

5. descripciones de la plaza u otros lugares,

6. entrevistas a los personajes del barrio: los bomberos, los aseadores,

7. plano del barrio,

8. entrevistas a los abuelos para conocer la historia del barrio,

9. nombres de los juegos de la plaza,

10. indicaciones para el autocuidado en el paseo,

11. normas para mantener el aseo.

Un proyecto de reciclaje es una linda oportunidad para que los niños desde pequeños tomen conciencia del medioambiente y conozcan que se pueden crear objetos nuevos a partir de otros en desuso. Algunos textos que podrían surgir de un proyecto como este podrían ser:

1. afiches promocionando el reciclaje,

2. listas con los elementos que se pueden reciclar,

3. rótulos para los tarros de basura,

4. instrucciones para confeccionar objetos.

PROGRESO DE LA ESCRITURA EN LA EDUCACIÓN INICIAL

A medida que el niño avanza en el sistema escolar y tiene oportunidades de aprendizaje su desarrollo y conocimiento del lenguaje se va incrementando, de modo que también las habilidades para leer y escribir progresan. Es así como el progreso en la escritura desde el primer nivel de transición a segundo básico debe considerar los siguientes aspectos:

- **Nivel de conceptualización de la escritura**: el niño progresa en relación a como él concibe la escritura; desde un nivel concreto en el que no distingue dibujo de letra, hasta llegar a la etapa alfabética en la que asocia sonido y grafía.

- **Principio alfabético**: este conocimiento progresa desde la conciencia fonológica hasta el conocimiento del principio alfabético, es decir, cuando el niño comprende la relación entre letras y sonidos.

- **Complejidad del texto**: en un comienzo el niño podrá escribir nombres, luego oraciones hasta llegar a la construcción de párrafos y textos cada vez más complejos.

- **Tipo de textos**: Más adelante el progreso consiste en escribir textos con distinta modalidad discursiva, por ejemplo, expositiva, descriptiva, conversacional o argumentativa. Posteriormente avanzará en la producción de distintos géneros discursivos, entre ellos cuentos, recetas o cartas, entre otros.

- **Construcción del significado**: el progreso consiste en la calidad de las ideas presentadas en el texto en relación con un vocabulario cada vez más amplio y preciso, ideas más complejas y la construcción de un texto coherente.

- **Manejo de la lengua y la ortografía**: el progreso incluye el dominio de aspectos morfosintácticos como por ejemplo el uso de artículos, sustantivos, adjetivos, verbos o conectores para escribir un texto cohesionado y asegurar la concordancia en el mismo, además de un manejo creciente de las convenciones ortográficas.

- **Proceso de escritura**: a medida que el niño avanza en el aprendizaje de la escritura, el educador lo apoyará para que produzca cada vez textos más complejos y le dará las herramientas necesarias para que entienda que para escribir es necesario planificar para luego escribir, revisar y, finalmente, editar el texto escrito.

- **Modalidad de escritura**: en un comienzo el niño experimentará en forma libre con la escritura, luego con el apoyo de los adultos y la mediación del profesor, avanzará a una escritura de mayor complejidad para, finalmente, asumir la escritura en forma independiente.

- **Legibilidad**: el avance en la calidad de la letra va desde signos que son inventados por los niños, luego signos que se acercan al código convencional hasta escribir con letra clara y legible que pueda ser leída por otros con facilidad.

Cada profesor, de acuerdo con las necesidades de sus alumnos y del contenido a enseñar, seleccionará la estrategia más adecuada para apoyar el desarrollo de competencias de escritura. Es importante señalar que, en un primer momento, los niños pequeños necesitan observar cómo el profesor escribe y, en este caso, la escritura modelada es la adecuada; en otras, es necesario enseñar a los niños a construir un texto apoyándolos en esta tarea, entonces la escritura interactiva será la adecuada, en tanto que se utilizará la escritura independiente cuando el niño ya se ha familiarizado con la estructura del texto que debe escribir y su modalidad discursiva.

EVALUACIÓN DE LA PRODUCCIÓN ESCRITA

Si consideramos el planteamiento de San Martí (2007) de que "evaluar es una condición necesaria para mejorar la enseñanza" (p. 23), entonces la evaluación de la producción escrita de los alumnos debería entregar evidencias al profesor acerca de los aprendizajes logrados y también de aquellos no logrados, con el propósito de tomar decisiones y mejorar su enseñanza, de manera de apoyar la mejora constante del aprendizaje en cada alumno.

La evaluación de la escritura debe considerar, además, el proceso de cada niño, por ejemplo, en educación parvularia sería interesante reconocer en cuál etapa del proceso de adquisición del código escrito está cada niño, de manera de ofrecerles oportunidades de escritura adecuadas a sus necesidades y monitorear el avance en el proceso; esta información se obtiene de los escritos que realizan los niños en la sala y es conveniente realizarla no sólo a comienzos del año escolar, sino en más de una oportunidad con el propósito de monitorear el progreso.

Un cuadro como el que se presenta a continuación ofrece al profesor una visión de las etapas de escritura en que se encuentran sus alumnos. Estos conocimientos previos deben tomarse en cuenta para el diseño de la enseñanza y de la evaluación con tareas acordes para cada estudiante.

NOMBRES/ETAPAS	PRESILÁBICA	SILÁBICA	SILÁBICO-ALFABÉTICA	ALFABÉTICA
Nicolás			X	
Josefa				X
Sebastián			X	
Cristóbal				X
Vicente	X			
Agustín	X			

En este ejemplo se puede observar a un grupo heterogéneo; claramente los niños están en diferentes etapas de conceptualización de la escritura. Dos estudiantes están en una etapa presilábica de la escritura, otros dos en silábico-alfabética y otros dos en una etapa alfabética.

Este diagnóstico es especialmente importante en primer año para seleccionar las estrategias y actividades más adecuadas a cada grupo; el esfuerzo que haga la profesora para que los niños escriban una frase u oración de manera alfabética para todo el grupo no tendrá sentido porque cada niño podría tener una hipótesis distinta acerca de cómo se escribe (Flores, L. 2007).

Un trabajo pedagógico fundamentado desde el constructivismo requiere conocer y considerar los conocimientos previos para determinar las mejores estrategias de enseñanza, atendiendo a las características de los niños y su contexto.

La evaluación de la escritura requiere sistematicidad para que el profesor tome las decisiones correctas y oportunas que ayuden al progreso en el aprendizaje. El educador debe observar a los niños mientras realizan tareas de escritura, con el propósito de apoyarlos, retroalimentarlos y tener evidencias de sus habilidades y de su progreso.

Las evidencias de la escritura de los alumnos pueden surgir de tres ámbitos:

- De las tareas de escritura que habitualmente se realizan en la sala, las que son observadas por el profesor mientras se realizan;

- de las muestras de trabajos o colecciones de escritura que se guardan en carpetas o portafolios para determinar el avance de cada alumno;

- de las pruebas o test de rendimiento que se aplican con cierta periodicidad.

Cualesquiera sean las fuentes de donde se obtienen las evidencias de la escritura, el alumno debe estar informado con respecto de las características del tipo de texto que escribe y de los aspectos que se le evaluarán. Al respecto, es importante incluir pautas que apoyen a los niños en la construcción de textos, les sirvan de autoevaluación y también puedan utilizarse como instrumento para evaluar la producción.

En la actual enseñanza de la escritura es importante la evaluación formativa y sistemática a partir de criterios previamente establecidos que dan origen a instrumentos de evaluación, por ejemplo, pautas que son utilizadas como instrumentos de revisión y que permiten el paso de la regulación externa a la autorregulación, ya que facilitan la autoevaluación del escritor; las pautas actúan como instrumentos mediadores para el progreso en el aprendizaje.

Camps (2000) clasifica en dos grupos las pautas utilizadas en la enseñanza de la composición escrita:

PAUTA PARA EL CONTROL DEL PROCESO DE REDACCIÓN Y EL DE ENSEÑANZA APRENDIZAJE: se utiliza para regular el proceso de enseñanza aprendizaje y son parecidas a las pautas meta cognitivas que permiten reflexionar sobre el proceso de escritura, por ejemplo:

RESPONDE CADA PREGUNTA:
¿He planificado el texto?
¿Hice un borrador?
¿Revisé el texto una vez terminado?
¿Utilicé diccionario u otros recursos para escribir el texto?
¿He tenido dificultades para escribir? ¿Cuáles?

PAUTA PARA LA REVISIÓN DE LOS TEXTOS O BORRADORES: sirve para apoyar el proceso de redacción independiente del tipo de texto o género discursivo.

A continuación proponemos algunas pautas que apoyan el trabajo de producción del estudiante y pueden servir de base a los profesores, para la construcción de otras.

PAUTA PARA APOYAR LA ESCRITURA DE UNA DESCRIPCIÓN	SÍ	NO
Organización del texto:		
• ¿Organicé la descripción por aspectos? (Ej. cuerpo, vestimenta, etc.)		
• ¿Utilicé adjetivos calificativos para describir?		
Aspectos normativos:		
• ¿Escribí los nombres y apellidos con mayúscula?		
• ¿Terminé las oraciones con punto?		
• ¿Usé coma para separar las palabras en la descripción?		
Calidad de la letra:		
• ¿Se entiende lo que escribí? ¿Mi letra es clara?		

PAUTA PARA APOYAR LA ESCRITURA DE UNA NOTICIA	SÍ	NO
Explico:		
• ¿Qué sucedió?		
• ¿Dónde ocurrió el hecho?		
• ¿Cuándo ocurrió?		
• ¿A quién le ocurrió?		
Cómo lo escribo:		
• ¿Coloqué el título de la noticia?		
• ¿Se entiende lo que informa la noticia?		
• ¿Utilicé mayúsculas al inicio de las oraciones y en los nombres?		
• ¿Utilicé el punto?		
• ¿Se entiende lo que escribí? ¿Mi letra es clara?		

PAUTA PARA APOYAR LA ESCRITURA DE UN CUENTO	SÍ	NO
Explico:		
• ¿Qué sucedió a los personajes?		
• ¿Quiénes son los personajes?		
• ¿Cómo son los personajes?		
• ¿En qué lugar ocurre la historia?		
Cómo lo escribo:		
• ¿Coloqué el título del cuento?		
• ¿Los hechos están en secuencia?		
• ¿Tiene inicio y final?		
• ¿Utilicé mayúsculas al inicio de las oraciones y en los nombres?		
• ¿Utilicé el punto?		
• ¿Se entiende lo que escribí? ¿Mi letra es clara?		

Independiente de las pautas de revisión y evaluación que utilice cada profesor, es necesario determinar las competencias que es necesario alcanzar para que un alumno logre escribir un texto. Para esto es imprescindible definir los rasgos o criterios a evaluar y los indicadores de logro y comunicarlos a los alumnos, de modo que les sirvan de guía en la producción del texto y en la revisión de los mismos.

Los educadores necesitan tener claridad acerca de las competencias que los niños deben lograr frente a la producción escrita en los distintos niveles escolares; la evaluación sostenida y sistemática de los escritos de sus alumnos les entregará evidencias para tomar decisiones que les permitan reorientar la enseñanza y brindar los apoyos necesarios para que cada estudiante progrese como escritor.

CAPÍTULO V

UNA PROPUESTA PARA ENSEÑAR A LEER Y A ESCRIBIR EN EL NIVEL INICIAL

MODELO DE ENSEÑANZA DE LA LECTURA
Y DE LA ESCRITURA DEL PROGRAMA AILEM UC-UC

En el Programa AILEM UC se propone un modelo equilibrado de enseñanza de la lectura y escritura, incorporando, por una parte, los aportes que han realizado diferentes ciencias tales como la psicolingüística, la sociolingüística, las teorías socioconstructivistas, la lingüística textual y la teoría del discurso que constituyen la base del modelo equilibrado, y por otra, la contribución realizada por el modelo de destrezas para la enseñanza de la lectura a través del conocimiento del código y el desarrollo de la conciencia metalingüística.

El modelo equilibrado se concretiza desarrollando estrategias de lectura y escritura desde que el niño se inicia en el sistema formal de educación. Esta propuesta proporciona numerosas y variadas oportunidades para que todos los niños se alfabeticen a través de experiencias significativas, acordes a los diferentes estilos y ritmos de aprendizaje. Este modelo no está centrado en *qué se enseña* sino en *qué se aprende y cómo se enseña.*

El modelo equilibrado se caracteriza fundamentalmente por trabajar con textos completos y significativos para los estudiantes y busca, por un lado, que los niños construyan sus aprendizajes teniendo conciencia del valor comunicacional y funcional del lenguaje y, por otra parte, que desarrollen destrezas de decodificación de la lectura y de los aspectos formales de la escritura.

Plantea que los niños aprenden a leer y escribir más fácilmente y con mejor calidad cuando se les ofrece a edades muy tempranas un contexto letrado y simultáneamente se les apoya en el desarrollo de habilidades de conciencia fonológica y de conocimiento del código.

Desde las primeras etapas del aprendizaje de la lectura y escritura el niño construye y comunica el significado de lo que lee, las destrezas de lectura se dan dentro de una situación de lectura con sentido y los textos se relacionan con la cultura oral de los alumnos, con sus experiencias, intereses y necesidades.

Los estudiantes tienen siempre un propósito definido para leer y para escribir, los tipos de texto utilizados para el aprendizaje y desarrollo de la lectura y escritura corresponden a variados géneros discursivos; los alumnos aprenden diferentes estrategias de lectura de acuerdo con el tipo de texto, a su nivel de complejidad y el propósito con el que se lee.

CARACTERÍSTICAS DEL PROGRAMA AILEM UC

El Programa AILEM UC aporta al modelo equilibrado estrategias de lectura y escritura, que facilitan la transferencia progresiva de la responsabilidad en el aprendizaje, cuya meta es la autonomía de los estudiantes y el desarrollo de los aspectos fundamentales de la alfabetización inicial, en un ambiente textualizado en el cual se promueve la interacción.

Este Programa es:

- **Funcional**, dado que los contenidos tratados tienen aplicabilidad para la vida comunicativa actual y futura de los estudiantes.

- **Realista**, ya que se aborda desde los elementos más cercanos a la realidad, contexto comunicativo y al mundo del alumno. Lo que se aprende debe ser aplicado a situaciones reales y significativas para el estudiante.

- **Auténtico**, ya que los alumnos participan en procesos comunicativos genuinos y cercanos en los que los alumnos hablan, escuchan, escriben y leen textos de diversos tipos y con diversas finalidades comunicativas.

Por otra parte, a través de este Programa se desarrolla **la competencia comunicativa y lingüística** de los alumnos, capacitándolos para hablar, leer, escribir y comprender su lengua; el aprendizaje de la lectura y la producción de textos constituyen un proceso realizado sobre la base lingüística oral de los niños.

Puesto que los procesos de lectura se desarrollan en paralelo, en este Programa se combinan estrategias para desarrollar ambas habilidades, de modo que los niños comprendan el significado de los textos que leen y producen, además de estrategias de conciencia fonológica, semántica y pragmática que les ayudarán a interpretar las palabras y las relaciones existentes entre ellas.

Algunas características del Programa AILEM UC son:

- Se consideran con igual nivel de importancia la competencia lingüística, la competencia comunicativa y la competencia pragmática de los alumnos.

- Se considera al niño como un agente activo que a través de los distintos recursos "construye" su aprendizaje.

- Se propicia el desarrollo de la autonomía y del trabajo en equipo.

- Se da importancia a la producción escrita, más que a los aspectos motores de la escritura.

- La sala de clases constituye un recurso fundamental de aprendizaje (sala letrada y numerada), transformándose en un espacio de aprendizaje.

- Las estrategias de enseñanza son transversales a todas las asignaturas.

- Se considera de vital importancia la presencia de un lector y escritor experto que modele y guíe constantemente el proceso, transfiriéndole al alumno progresivamente la responsabilidad de su aprendizaje.

- Existe un traspaso progresivo de la responsabilidad: del profesor a los alumnos.

- Existe una evaluación sistemática de los aprendizajes, la que conduce a la toma de decisiones pedagógicas en el aula.

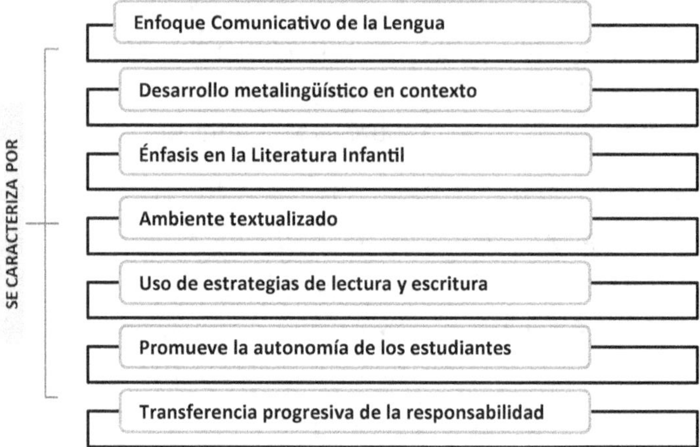

ESTRATEGIAS DEL PROGRAMA AILEM UC

Las estrategias de enseñanza de este Programa se definen como los procedimientos utilizados por el profesor para el logro de aprendizajes significativos en sus estudiantes, en lectura y escritura.

En prebásica y en el primer ciclo de Educación Básica, el Programa AILEM UC trabaja con las siguientes estrategias:

- Lectura en voz alta.
- Lectura compartida.
- Lectura guiada.
- Lectura independiente.
- Escritura en voz alta o modelada.
- Escritura interactiva.
- Escritura guiada.
- Escritura independiente.
- Centros de aprendizaje.
- Pared de palabras.
- Ciclo de lectura.
- Ciclo de escritura.

■ LECTURA EN VOZ ALTA

La lectura en voz alta es una estrategia mediante la cual el profesor lee a los niños un texto previamente seleccionado, para compartir con ellos el placer de leer, y actuar, además, como un modelo que aprecia la lectura y la disfruta. De esta manera, los niños pueden comprender que el lenguaje de los libros es diferente al idioma hablado, llegan a entender las configuraciones y estructuras del lenguaje escrito, aprenden nuevas palabras e ideas, así como a ubicar diferentes géneros discursivos.

Los principales objetivos de la lectura en voz alta son que introduce a los alumnos al placer de la lectura y al arte de escuchar, y brinda oportunidades a los profesores de modelar las estrategias de lectura y desarrollar la comprensión de lectura.

El niño es un observador e imitador de comportamientos. Este mecanismo que tanto le ayuda en su crecimiento y maduración, juega un papel fundamental en su aprendizaje de la lectura. Para poder empezar a leer, el niño no sólo tiene que aprender las letras y el sonido a que corresponden, sino aquellas estrategias y comportamientos que utiliza el lector cuando reproduce una palabra, una oración o un texto.

La lectura en voz alta se realiza con todo el grupo curso, sentados en proximidad al profesor, creando un clima afectivo y libre de distracciones.

■ LECTURA COMPARTIDA

Es una estrategia colaborativa que se realiza con todo el curso, sentados en proximidad frente al texto. El profesor y los niños leen en conjunto un texto visible para todos con el objeto de:

- Desarrollar estrategias tempranas de lectura.
- Desarrollar estrategias de comprensión de lectura.
- Fomentar el trabajo cooperativo.
- Introducir un concepto, contenido y/o habilidad.
- Desarrollar el lenguaje oral.
- Brindar la oportunidad a todos los alumnos de participar exitosamente en la lectura.

A través de la lectura compartida, los profesores demuestran el proceso de la lectura y las estrategias que usan los buenos lectores. Los alumnos y profesores comparten la tarea de leer, apoyados por un entorno seguro en el que toda la clase lee un texto (con ayuda del profesor) que de otra manera podría ser demasiado difícil. Los alumnos aprenden a interpretar las ilustraciones, diagramas y esquemas. Los profesores identifican y discuten con los alumnos las convenciones, estructuras y características del lenguaje de los textos escritos.

■ LECTURA GUIADA

La lectura guiada es una estrategia en la cual el profesor apoya a un grupo pequeño de niños en el desarrollo de habilidades efectivas para interrogar nuevos textos con un grado de dificultad creciente. Los niños se centran en la construcción del significado mientras usan estrategias de solución de problemas para descifrar palabras que no conocen, enfrentarse a estructuras lingüísticas más complejas, buscar fuentes de información para encontrar el significado de una palabra; en síntesis, proporciona a los alumnos la posibilidad de desarrollarse como lectores individuales mientras participan de una actividad con apoyo de otros. La lectura guiada se lleva a cabo con un grupo reducido de alumnos (entre 2 a 6 estudiantes) que se encuentran en el mismo nivel lector. Se usan textos iguales, seleccionados de acuerdo con el nivel del grupo, que permitan el desarrollo de estrategias de lectura requeridas por los estudiantes en ese momento de su desarrollo lector. Mientras el profesor trabaja con este grupo pequeño, el resto del curso se encuentra trabajando en centros de aprendizaje.

■ LECTURA INDEPENDIENTE

La lectura independiente es una estrategia de lectura individual a través de la cual se les proporciona a los alumnos la oportunidad para practicar su lectura de manera autónoma y elegir textos conocidos por él o seleccionados por el profesor de acuerdo con su nivel lector.

Sus principales objetivos se centran en el desarrollar la fluidez a través del uso de textos familiares, utilizar estrategias de solución de problemas ya aprendidas, incrementar la comprensión y destrezas de pensamiento de alto nivel, desarrollar estrategias específicas de lectura y organización de textos y facilitar el estudio de las áreas de contenido.

■ ESCRITURA EN VOZ ALTA O MODELADA

Es una estrategia a través de la cual el profesor demuestra a los alumnos lo que hace y siente un escritor eficaz.

Cuando el profesor escribe en voz alta, él modela su pensamiento, planea, se formula preguntas, hace un bosquejo y revisa. El profesor piensa literalmente en voz alta y los estudiantes observan. Una parte del proceso de la escritura debe ser verbalizado a través de pequeñas escrituras. Un profesor no debe procurar modelar el proceso entero de la escritura de una vez o en una sola clase. Regie Routman (2004) afirma: "Escribir en voz alta es una técnica de modelado de gran alcance en cualquier nivel de grado para obtener atención de los estudiantes y la demostración de los diversos aspectos de la escritura".

Esta estrategia se realiza con todo el grupo curso, sentados adelante en proximidad al profesor y al texto que se va a escribir, asegurándose siempre que todos puedan ver bien el texto que se escribe.

■ ESCRITURA INTERACTIVA

La escritura interactiva es una estrategia de trabajo colaborativo en la que el profesor y los niños conjuntamente, componen y escriben un texto. No sólo comparten la decisión acerca de lo que van a escribir, ellos también comparten las labores de la escritura. El profesor utiliza la sesión de escritura interactiva para modelar las habilidades de lectura y de escritura cuando él y los niños construyen un texto.

La escritura interactiva puede ser utilizada para demostrar conceptos acerca de lo impreso, desarrollar estrategias y aprender acerca de cómo funcionan las palabras. Provee a los niños de oportunidades para escuchar los sonidos de las palabras y conectar esos sonidos con las letras que les corresponden. Los alumnos se involucran en el proceso de codificar al escribir y el de decodificar al leer, todo con el mismo texto. La escritura interactiva es una oportunidad única de ayudar a los niños a ver la relación entre la lectura y la escritura.

Es una excelente instancia para ayudar a los escritores iniciales a ver la relación entre lectura y escritura y, más adelante, hacerlos reflexionar sobre las construcciones gramaticales del texto que están componiendo.

■ ESCRITURA GUIADA

Es una estrategia que se utiliza para apoyar a un grupo pequeño de alumnos en sus tentativas de crear textos escritos en forma individual. Les permite transferir lo aprendido a escrituras independientes.

En esta estrategia el profesor guía a los alumnos en sus intentos de escritura, responde inquietudes, proporciona estrategias y orienta a los alumnos en la reflexión durante el proceso de escritura.

La escritura guiada es útil para enseñar múltiples aspectos relacionados con el proceso de construir un texto. Permite que los alumnos:

- Reflexionen antes de producir un texto, considerando aspectos tales como: tipo de texto (características, formato, vocabulario), receptor, propósito, asunto, etc.

- Planifiquen su escritura.

- Se centren en convenciones tales como deletreo, puntuación, ortografía, calidad de la letra.

- Revisen y corrijan su escritura.

■ ESCRITURA INDEPENDIENTE

Es la estrategia a través de la cual los alumnos en forma individual tienen la posibilidad de poner en práctica todas las estrategias conocidas para producir diferentes tipos de textos, con diferentes propósitos y para diferentes receptores.

Es el momento en que el alumno tiene la oportunidad de aplicar normas de ortografía y gramática.

Su principal objetivo es desarrollar, por una parte, la creatividad y, por otra, la utilización correcta de la lengua.

■ CENTROS DE APRENDIZAJE

Son diferentes actividades que se realizan en forma simultánea, donde los niños trabajan en forma autónoma, sin apoyo del profesor/a y que sirven para practicar, aplicar, transferir y extender habilidades y conceptos que ya se han enseñado. En un mismo período de tiempo puede haber grupos que desarrollan actividades de lectura, otros de escritura y también algunos que trabajan en otras asignaturas.

■ PARED DE PALABRAS

La pared de palabras es un espacio ubicado en un muro de la sala de clases, de fácil acceso para los alumnos, donde existe un abecedario con palabras adjuntas a cada letra.

Esta pared se utiliza como un recurso interactivo para la enseñanza de la lectura y de la escritura.

En la pared de palabras **sólo** se colocan aquellas que son de uso frecuente o de mucha utilidad para los alumnos de esa sala en particular.

La pared de palabras se puede utilizar con diferentes propósitos, por ejemplo:

- Encontrar palabras que los niños desean escribir, leer o analizar.

- Ayudar a los niños a reconocer y escribir las palabras de uso frecuente.

- Visualizar signos ortográficos y las relaciones existentes entre las palabras.

- Desarrollar habilidades de conciencia fonológica y aplicar reglas fonéticas.

- Proporcionar un excelente soporte de referencia durante la lectura y las actividades de escritura.

- Aprender a ser independientes, ya que utilizan las palabras de la pared de palabras en las actividades diarias.

Es importante que las palabras sean accesibles, poniéndolas donde cada estudiante pueda verlas. Deben estar escritas en grandes letras que se distingan del fondo el que puede tener una variedad de colores para distinguir palabras que se confunden fácilmente.

Los profesores deben ser selectivos acerca de las palabras que van en la Pared de Palabras, se deben incluir palabras que los niños usan con mayor frecuencia en sus escritos. Estas deben ser agregadas gradualmente y utilizarse en las actividades diarias para que los alumnos las incorporen en su repertorio, por ejemplo leerlas, separarlas en sílabas, jugar a las adivinanzas, escribirlas, etc. Es fundamental asegurarse de que estén siempre escritas correctamente, sin faltas de ortografía.

La construcción de una Pared de Palabras puede ser fácilmente integrada en las actividades diarias. Palabras claves y/o terminologías que se relacionan con la lección o unidad de estudio se pueden añadir gradualmente a medida que se introducen. Debe ser organizada de tal manera que sea útil a los estudiantes y de fácil visibilidad.

Para introducir una nueva palabra, el profesor la escribe con letra clara, se la muestra a los alumnos y les solicita que: la vean, la lean, la deletreen, la escriban en su cuaderno y comprueben su correcta escritura y finalmente un alumno la coloca debajo de la letra correspondiente.

Lo ideal es que bajo cada letra tengamos entre cinco a siete palabras; más, podrían entorpecer nuestro trabajo y no se lograría el propósito de que los estudiantes las ocupen con frecuencia y consulten la pared cada vez que tengan dudas.

Cuando usted observe que la mayoría de sus alumnos dominan la escritura de alguna palabra, saca la tarjeta con dicha palabra, la lee frente a todo el curso y les dice que se ha dado cuenta de que la mayoría de los alumnos conoce esa palabra y, por lo tanto, la colocarán en la caja de palabras de uso para que cualquier estudiante pueda consultarla si tiene dudas.

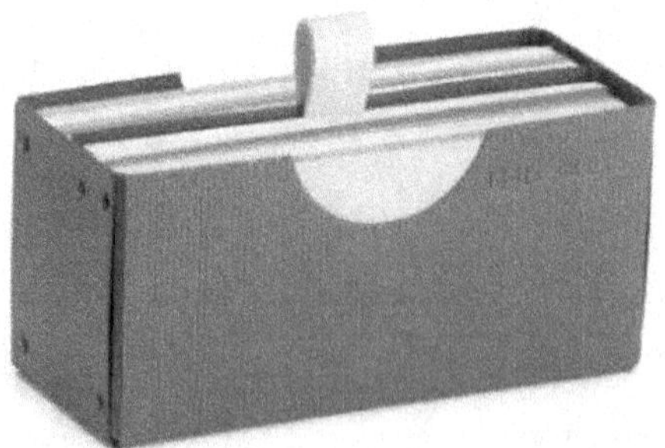
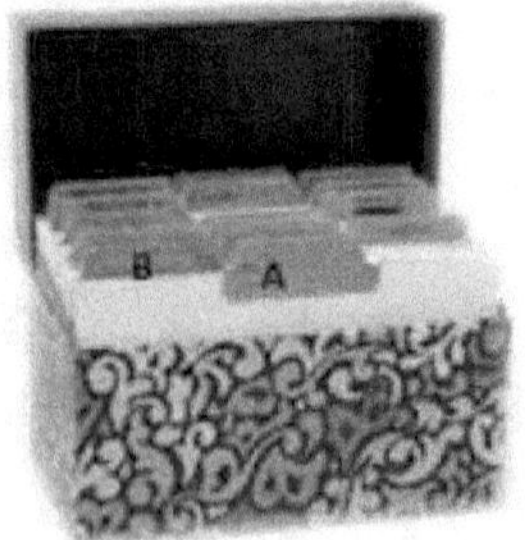

En el caso de palabras de difícil escritura, que surgen de otras asignaturas, se sugiere crear otros espacios distintos a la pared de palabras, por ejemplo:

- Vocabulario de inglés.
- Palabras relacionadas con matemáticas.
- Palabras relacionadas con un contenido de ciencias, etc.
- Vocabulario de una lectura en particular.

SUGERENCIAS DE ACTIVIDADES PARA REALIZAR CON LA PARED DE PALABRAS

ACTIVIDAD 1

Imaginen que son detectives y que van a descubrir las palabras escondidas en la pared de palabras. Tomen su cuaderno de lenguaje y escriban números del uno hasta el cinco.

- Pista para la primera palabra: Estoy pensando en una palabra que tiene tres sílabas y termina en "n".

- Pista para la segunda palabra: La palabra misteriosa es sinónimo de "lindo".

- Pista para la tercera palabra: Es una palabra que tiene tres letras y que completa la oración "Me gusta pescar en el ....".

- Pista para la cuarta palabra: La palabra escondida es una palabra que rima con amarra y empieza con la letra "g".

- Pista para la quinta palabra: La palabra misteriosa tiene una "h" al medio y tiene tres letras.

ACTIVIDAD 2

Pedirles a los niños que se coloquen en parejas, uno de ellos mirando la pared de palabras, el otro debe escribirle en la espalda una palabra de la pared de palabras, sólo puede decir la letra inicial de la palabra que escribirá en la espalda de su amigo.

ACTIVIDAD 3

Cada niño tiene una tarjeta de bingo con seis espacios en blanco. Los niños escriben en cada espacio una palabra de la pared de palabras a su elección. Posteriormente se sacan las palabras de la pared, se colocan en un recipiente y se van dictando de una en una. El niño que primero complete su cartón gana el juego.

ACTIVIDAD 4

Elaborar sopas de letras con las palabras de la pared.

ACTIVIDAD 5

Jugar al colgado.

ACTIVIDAD 6

Jugar a las adivinanzas:

- Estoy pensando en una palabra que rima con Carolina y tiene tres sílabas.
- Estoy pensando en una palabra que termina igual que lombriz y es sinónimo de "contento".
- Estoy pensando en una palabra que tiene cuatro silabas.
- Estoy pensando en una palabra que es antónimo de feo.
- Estoy pensando en una palabra con la que empezamos a escribir los cuentos.

ACTIVIDAD 7

Jugar al veo veo:

- Veo veo tres sustantivos propios.
- Veo veo palabras agudas con tilde.
- Veo veo palabras con hiato.
- Veo veo palabras con diptongo.
- Veo veo palabras de una sílaba.

ACTIVIDAD 8

Deletreo de palabras.

Al inicio de la actividad se selecciona a cinco niños del curso y cada uno lee una palabra, luego la deletrea, después la vuelve a decir completa y finalmente construye una oración con la palabra.

Variantes:

- Leer la palabra, deletrearla y luego escribirla en una pizarra pequeña.
- Leer la palabra, deletrearla y luego decir su significado.

Las estrategias antes mencionadas también se utilizan en modalidad de ciclos, con grupos pequeños que tengan similar nivel lector o escritor. El ciclo se ocupa principalmente con los alumnos no lectores o con aquellos estudiantes que presentan muchas dificultades para leer o que se están iniciando en el proceso lector.

Es importante que en el momento en que el docente forme cada grupo, los estudiantes pertenezcan al mismo nivel lector.

■ CICLO DE LECTURA

Es una estrategia de lectura que se realiza con un grupo pequeño de estudiantes y que comprende cuatro pasos en los cuales el profesor va brindado diferentes tipos de apoyo, utilizando el mismo texto para el ciclo completo.

PREPARACIÓN

- Elegir un texto adecuado al nivel del grupo para utilizarlo en las cuatro estrategias del ciclo de lectura.

- Planificar el propósito y focalizarse en ciertos puntos de enseñanza.

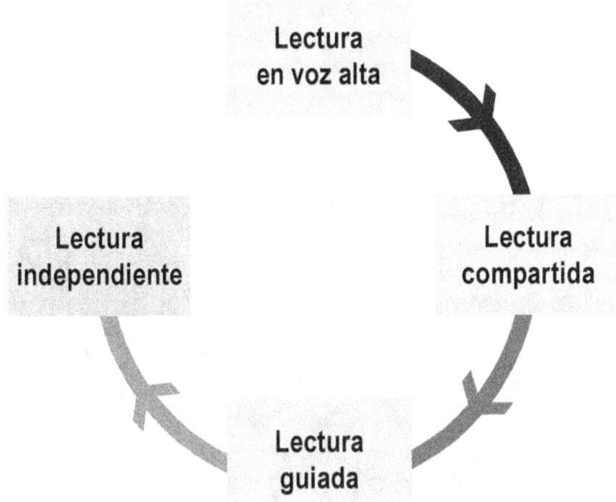

PASO 1: LECTURA EN VOZ ALTA

- Presentación e introducción del libro.

- El profesor lee el libro en voz alta.

- Se trabajan los puntos de enseñanza planificados.

PASO 2: LECTURA COMPARTIDA

- El profesor usa el mismo libro que se usó en la lectura en voz alta.

- Profesor y estudiantes leen juntos.

- El profesor sigue la lectura guiándola con el dedo o con un lápiz.

- Asegurarse de que todos los niños participen.

PASO 3: LECTURA GUIADA

- Los alumnos leen en voz alta en su propio libro. El profesor los escucha y está atento a los aciertos, errores y dificultades.

- El profesor hace preguntas de compresión.

PASO 4: LECTURA INDEPENDIENTE

- Los estudiantes leen independientemente con un propósito determinado.

- El profesor escucha y observa mientras toma nota del comportamiento de los niños (registro de lectura oral).

REQUISITO: Tener funcionando los centros de aprendizaje. Se usa el mismo libro en todas las instancias.

■ CICLO DE ESCRITURA[2]

Es una estrategia de producción de textos que se realiza con un grupo pequeño de estudiantes que se encuentran en el mismo nivel del proceso de escritura. Este ciclo comprende cuatro pasos en los cuales el profesor va brindado diferentes tipos de apoyo.

PREPARACIÓN

- Elegir un tema, tipo de texto o género discursivo acerca del cual se quiere escribir.

- Planificar la escritura del texto y focalizarse en ciertos puntos de enseñanza.

---

2   Basado en Philip H. Swartz and & Stanley L. Swartz (2010): Strategic Literacy Support. Writing Cycle.

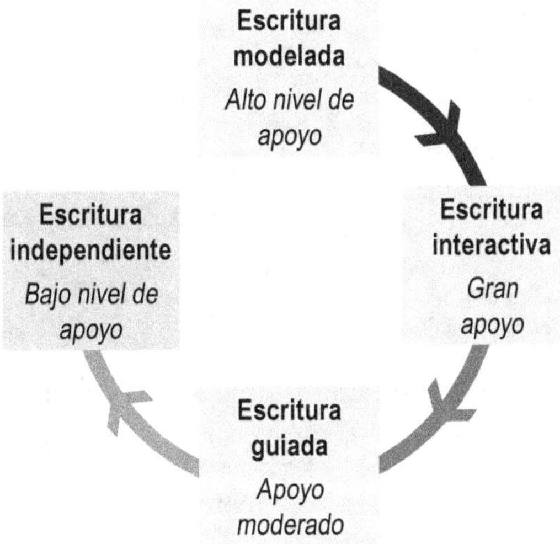

PASO 1: ESCRITURA MODELADA

- El profesor modela el proceso de escritura y verbaliza lo que va realizando o lo que está pensando.

- El profesor escribe en un papelógrafo.

- Los focos de enseñanza pueden variar basado en las necesidades de los estudiantes.

PASO 2: ESCRITURA INTERACTIVA

- El profesor y los estudiantes negocian lo que van a escribir y comparten el plumón.

- El profesor piensa en voz alta y estimula a los estudiantes a discutir lo que están pensando.

- La discusión e interacción entre el profesor y los estudiantes es el primer foco de enseñanza en la escritura interactiva, con el fin de producir un texto coherente y con sentido.

- Mientras un alumno escribe en el papelógrafo, el profesor continúa negociando con los alumnos. Una vez que el estudiante ha terminado de escribir, se lee la oración completa y se corrige en caso de existir errores.

PASO 3: ESCRITURA GUIADA

- Los estudiantes escriben en su propia hoja de papel (sobre el mismo tema o continúan desarrollando las ideas de la escritura interactiva) mientras el profesor observa y apoya.

- El profesor invita a los alumnos a revisar su escritura y a corregir en caso de errores.

PASO 4: ESCRITURA INDEPENDIENTE

- Los estudiantes escriben con un mínimo apoyo del profesor.

- El profesor apoya cuando los estudiantes lo piden, pero en general debe ser una tarea independiente (es recomendable que el profesor restrinja su apoyo para favorecer la independencia de la escritura).

¿CÓMO SE IMPLEMENTAN LAS ESTRATEGIAS?

Estas estrategias se implementan a través del traspaso progresivo de la responsabilidad, que es el que guía el trabajo pedagógico en cada sala de clases (ver cuadro). Los educadores modelan el desempeño esperado (a través de **lectura en voz alta y de la escritura modelada**) y, a continuación, los niños asumen progresivamente un mayor protagonismo con el apoyo del educador (**lectura compartida y escritura interactiva**). También existe el apoyo para grupos pequeños (**lectura y escritura guiada y ciclos de lectura y escritura**). Finalmente, para cada nivel de logro esperado, los niños tienen la oportunidad de realizar la tarea de manera autónoma (**lectura y escritura independiente**) y en conjunto con sus pares (en **centros de aprendizaje**); así se favorece, simultáneamente, un trabajo independiente y colaborativo.

En síntesis, podemos señalar que la enseñanza de la lectura y escritura en el Programa AILEM UC favorece el equilibrio de las actividades de lectura y escritura, brindando el máximo de oportunidades de aprendizaje para todos los niños. Los alumnos más aventajados continúan su rápido desarrollo mientras que los niños con avances menores son guiados a través del proceso de la adquisición de la lectura y escritura con apoyo constante por parte tanto del profesor como de sus compañeros.

TRANSFERENCIA PROGRESIVA DE LA RESPONSABILIDAD

Este modelo ofrece la oportunidad de *aprender a leer leyendo*, en un ambiente rico en literatura y de acuerdo al nivel de cada alumno, y de *aprender a escribir escribiendo*, con propósitos claros y definidos, atendiendo a las necesidades de cada uno de los alumnos.

■ ¿CÓMO SE LLEVA A CABO ESTE PROCESO?

Al inicio del año escolar, es recomendable evaluar a los niños para determinar en qué nivel se encuentra cada uno de ellos, cuántos ya saben leer, cuántos conocen algunas letras o su nombre, cómo está el desarrollo de la conciencia fonológica, el conocimiento acerca de lo impreso y todos los aspectos relacionados con la alfabetización inicial; para ello se hace necesario aplicar algún instrumento que nos proporcione la información necesaria para diseñar nuestros planes de clases.

Para diseñar los planes de clases es importante, por una parte, tomar en consideración la evaluación realizada a los niños, sus intereses, contexto y experiencias, y por otra, velar porque todos los días se realicen todas las estrategias y se desarrollen las competencias relacionadas con la alfabetización inicial.

La literatura constituye una base importante para desarrollar el goce estético, el gusto por la lectura, el pensamiento, la creatividad y la imaginación, además de proporcionar el contacto con diferentes textos auténticos que poseen variados propósitos comunicativos, lo que permitirá que los niños enfrenten este proceso partiendo de sus intereses, contextos y necesidades de comunicarse con los textos y con los otros.

En esta propuesta de enseñanza de la lectura no hay una sola forma, ni una misma secuencia para guiar el proceso; será el profesor el que tome las decisiones de acuerdo con la evaluación realizada a su curso, con las necesidades de aprendizaje y los intereses de los niños. Sin embargo, es importante mencionar que siempre se trabaja con textos completos y no con unidades aisladas de la lengua y que, además, se utilizan todas las estrategias de lectura y de escritura del Programa AILEM UC —mencionadas con anterioridad—, en las cuales se trabajan diferentes focos de enseñanza. Con los alumnos no lectores siempre es recomendable trabajar el ciclo de lectura y de escritura como mínimo tres veces a la semana.

En cada secuencia didáctica es necesario trabajar cada día con diferentes focos de alfabetización inicial: conciencia alfabética, conciencia de lo impreso, conciencia léxica y fonológica, conciencia semántica y conciencia sintáctica (ver cuadro N°2). Esto permite que los niños puedan desarrollar sus habilidades fonológicas, semánticas y sintácticas, las que son claves en el proceso.

Los Focos de Alfabetización inicial que deben trabajarse en cada secuencia didáctica

Cada secuencia didáctica debe trabajarse diariamente ocupando las estrategias AILEM UC en dos bloques de clases: un primer bloque que contemple lectura en voz alta, lectura compartida y escritura interactiva, y un segundo bloque en el cual se trabajen centros de aprendizaje y, en forma alternada, ciclos de lectura o de escritura para finalizar con lectura independiente o escritura independiente, según corresponda (ver cuadro N°3).

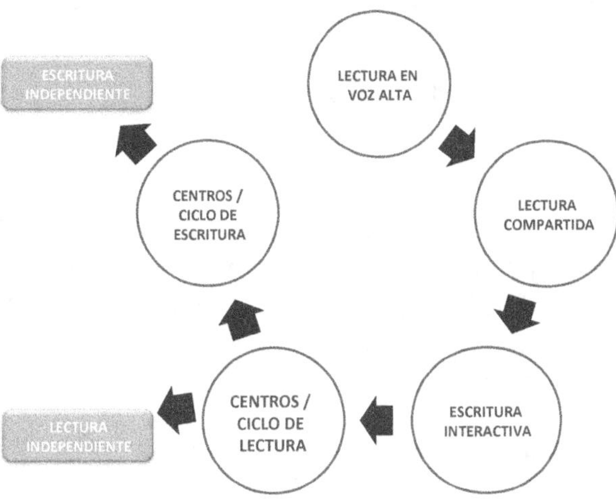

CUADRO N°3

Proceso de enseñanza de la lectura y de la escritura

En el programa AILEM UC se propone una rutina para desarrollar las diferentes estrategias, la que se puede observar en el cuadro N°4.

Las rutinas son eventos que se llevan a cabo de forma regular, y frecuentemente implican una serie de respuestas por parte de los niños. Los estudios sobre este tema, han documentado que horarios y rutinas influyen en el desarrollo emocional, cognitivo y social de niños. Por ejemplo, horarios constantes y predecibles en aulas preescolares y de 1° básico ayudan a los niños a sentirse más seguros y cómodos; además les ayudan a comprender las expectativas de su ambiente, a predecir las actividades que seguirán, a saber qué se espera de ellos, lo que les da seguridad y les ayuda a reducir la frecuencia de problemas de comportamiento, favoreciendo la autonomía y el interés por el aprendizaje.

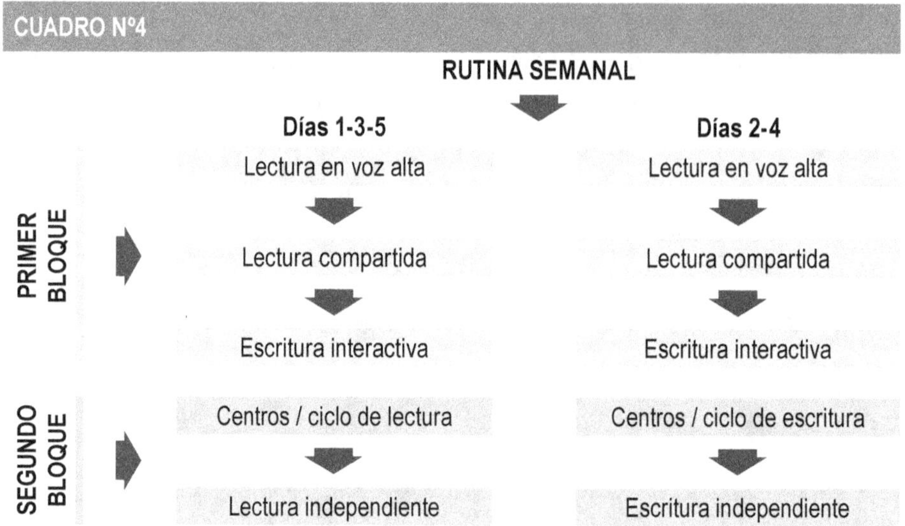

Las rutinas que proponen actividades equilibradas y planificadas (grupos grandes o pequeños, momentos tranquilos o activos, dirigidas por el profesor o por el niño) y actividades individualizadas, logran un mayor nivel de participación e interés por parte de los estudiantes.

■ EJEMPLO DE SECUENCIA DIDÁCTICA

A continuación se presenta un ejemplo de secuencia didáctica, con el fin de que se logre comprender cómo funciona la implementación de esta dentro de la rutina semanal. En el capítulo VI se presentan con detalles las diferentes secuencias didácticas que se ocupan en el Programa AILEM UC.

UNIDAD: LA SEMANA DE PAPÁ

FOCOS DE ENSEÑANZA	ESTRATEGIAS
• Expresión oral	• Lectura en voz alta
• Lectura	• Lectura compartida
• Comprensión de lectura	• Escritura interactiva
• Conciencia fonológica (fonema inicial)	• Centros de aprendizaje
• Conocimiento acerca de lo impreso	• Ciclo de lectura
• Escritura	• Ciclo de escritura
• Conciencia sintáctica	• Lectura independiente
	• Escritura independiente

EJEMPLO DÍA 1: PRIMER BLOQUE

ESTRATEGIAS	TEXTO	FOCOS DE ENSEÑANZA
LECTURA EN VOZ ALTA	*Si tienes un papá mago* Gabriela Keselman	• Comprensión de lectura – Predicciones, activar conocimientos previos, conexiones, clarificar
LECTURA COMPARTIDA	*¿Qué hace mi papá?*	• Lectura oral (fluidez) • Conciencia sintáctica – Identificar los verbos
ESCRITURA INTERACTIVA	*¿Qué hace mi papá?*	• Completación de oraciones – Mi papá .... – Mi papá .... • Concordancia género

EJEMPLO DÍA 1: SEGUNDO BLOQUE

ESTRATEGIAS	TEXTO	FOCOS DE ENSEÑANZA
CENTROS	• Bingo • Centro de formación de oraciones • Centro de láminas y oraciones (de la misma lectura)	• Identificar palabras al primer golpe de vista • Construir oraciones • Comprensión de lectura
CICLO DE LECTURA	*¿Qué hace mi papá?*	• **Primera fase**: Lectura en voz alta (Comprensión de lectura) • **Segunda fase**: Lectura compartida (Conciencia fonológica / fonema inicial - rima) • **Tercera fase**: Lectura guiada (Lectura oral - identificar palabras nuevas) • **Cuarta fase**: Lectura independiente (Identificar palabras nuevas)
LECTURA INDEPENDIENTE	• Pared de palabras • Lectura compartida	• Leer palabras nuevas

DÍA 1: PRIMER BLOQUE

- Lectura en voz alta.

- Lectura compartida.

- Escritura interactiva.

Iniciar la unidad conversando acerca del significado de este día, de qué manera podemos celebrarlo, quiénes cumplen este rol en nuestras vidas y de qué manera podemos manifestarle nuestro cariño, quizás a través de canciones, poemas, tarjetas, en síntesis, algún presente realizado con nuestras manos.

Una vez que se ha introducido el tema, invite a los niños a sentarse en proximidad para realizar la **lectura en voz alta** del libro *Si tienes un papá mago,* de Gabriela Keselman.

Lectura en Voz Alta

Pregunte de qué creen que puede tratarse un libro que tiene este título, muestre la portada del libro y pregunte si creen que de verdad el papá de Chiqui (así se llama el personaje) trabaja como mago o si creen que su hijo lo ve como un mago. Establezca conexiones con la información que los niños tienen acerca de los magos. Pregunte acerca de palabras o frases mágicas que ellos conozcan, recuerden algunas y destaque el hecho de que siempre riman. Inventen algunas o cámbienles el final.

- ¡Abracadabra... conviértete en cabra!
- ¡Perro parejo... serás un conejo!
- ¡Rana, ranita... te convertiré en una hormiguita!
- ¡Loro hablador... desde ahora serás gordo como un tambor!
- ¡Rata ratera... conviértete en una...!

SI TIENES UN PAPÁ MAGO

Gabriela Keselman

Había una vez un niño que, cada mañana, dejaba un sueño a medias.

Primero saltaba sobre la cama, y luego, fuera de la cama. Se vestía tan deprisa que se equivocaba al ponerse un calcetín.

A punto estaba de lavarse las manos…, pero decidía que la izquierda no estaba sucia.

Luego, salía patinando por el pasillo. En fin, Chiqui hacía, ni más ni menos, lo de todos los días.

Y es que, cuando papá esperaba en la puerta, no había que retrasarse. Sobre todo, si se trataba de un papá mago. Como el suyo.

Era un mago muy especial que, siempre, le despedía con un regalo maravilloso. Le daba unas palabras. Pero no unas palabras de esas del montón. Eran palabras, mágicas. **(1)**

Chiqui le guiñaba un ojo y las guardaba en su bolsillo secreto.

Así cada mañana, emprendía el camino al colegio.

Primero pasaba por la casa de Mijito. La mamá de Mijito también le acompañaba hasta la puerta. Pero como no era maga, sino dentista, no le daba palabras mágicas. Le daba palabras dentales. **(2)**

—¡Mijito, lávate los dientes antes y después de comer! ¡Y mientras masticas también! ¡Y ni se te ocurra mordisquear el lápiz! —le decía.

Luego, le daba un cepillito azul, uno morado y uno amarillo. Y, además, una pegatina en la que ponía:

LOS CHICLES SON UN ASCO

Y una gorra, que tenía escrito con grandes letras bordadas:

(1) *Predicción*: "¿Cuáles creen ustedes que serán las palabras mágicas que el papá de Chiqui le dice todos los días"?
Establecer conexiones: "¿Qué palabras te dice tu mamá o tu papá cuando se despide de ti?
(2) *Predicción*: ¿Qué palabras que le dirá la mamá de Mijito a su hijo?

SUPERFLÚOR AL ATAQUE

Chiqui miraba a su amigo con gesto divertido. Pero su amigo le miraba con cara de dolor de muelas. Entonces, Chiqui se ponía la mano en el pecho, donde tenía el bolsillo de las palabras mágicas. Y sonreía a Mijito con tantas ganas, que lo malo ya no parecía tan malo.

Al fin, se iban los dos juntos hacia el colegio.

Doblaban la esquina y hacían la segunda parada. Era la casa de Nenitalinda. Su papá la acompañaba a la puerta, igual que el suyo.

Pero como no era mago, sino guardia de tráfico, no le daba palabras mágicas. Le daba palabras guardianas. **(3)**

—¡Nenitalinda, antes de cruzar la calle, mira a la izquierda y a la derecha! ¡Y arriba y abajo! ¡Y adelante y atrás! —le decía.

Luego, le daba una mochila con bocina incorporada, luces rojas que se encendían y apagaban y espejito retrovisor.

Además, le daba un silbato, que al soplar anunciaba:

ESTOY CRUZANDO, ESTOY CRUZANDO...

Chiqui miraba dentro de su bolsillo secreto, cerca del corazón, allí donde guardaba las palabras de su papá mago.

Luego, atravesaba la calzada con paso seguro y tranquilo.

Nenitalinda le miraba con cara de semáforo averiado. Pero el cogía a su amiga de la mano y lo malo ya no le parecía tan malo.

Al fin, los tres amigos seguían camino al colegio.

Una manzana más arriba **(4)** vivía Campeón. El papá de Campeón también salía a despedirle, como los demás. Pero como no era mago, sino corredor olímpico, no le daba palabras mágicas. Le daba palabras rápidas. **(5)**

---

(3) *Predicción*: ¿Cuáles serán las palabras guardianas?
(4) *Clarificación*: ¿Qué quiere decir la expresión "una manzana más arriba"?
(5) *Predicción*: ¿Cuáles serán las palabras rápidas?

—¡Campeón! ¡Date prisa! ¡No pierdas tiempo! ¡Llega primero! ¡Adiós, adiós!

Además, le daba veinte cronómetros, unas botas con motor en los talones y una medalla en la que estaba escrito:

SOY EL MEJOR... DESPUÉS DE MI PAPÁ

Chiqui se reía despacito. Pero a Campeón se le ponía cara de carrera perdida.

Entonces, Chiqui recordaba las palabras mágicas que llevaba en el bolsillo. Daba un abrazo a su amigo y lo malo ya no parecía tan malo.

Al fin, ya eran cuatro amigos camino al colegio.

Hasta que llegaban a una casa enorme con enanitos en el jardín.

La mamá y el papá de Tesorito abrían la puerta y despedían a su hija.

Pero como no eran magos, sino ricos, **(6)** no le daban las palabras mágicas. La verdad, no le daban ninguna palabra porque pensaban que Tesorito ya tenía de todo.

Chiqui miraba a su amiga con cara muy seria.

Tesorito miraba a Chiqui con cara de banco asaltado.

Chiqui volvía a asegurarse de que sus palabras mágicas seguían allí. Le daba la otra mano a su amiga y lo malo ya no parecía tan malo.

Al fin, la pobre se unía al grupo y se iban todos al colegio.

Y bobada va, bobada viene, pasaron una tarde bobísima.

Como tanta bobería cansa bastante, Chiqui se marchó a casa. **(7)** Los otros niños se quedaron murmurando. Hasta que se les ocurrió un plan.

---

(6) *Predicción*: ¿Qué palabras dirán los papás de Tesorito?

(7) *Establecer conexiones*: Pregunte a los niños el nombre de los amigos de Chiqui y por qué creen que tenían esos nombres. Luego pídales que recuerden las profesiones y oficios de los papás y mamás de los niños y las palabras como los despedían, establezcan conexiones entre las profesiones y las palabras usadas. Pídales que piensen qué palabras usaría un papá médico, un papá jardinero, una mamá profesora, etc.

—Mañana vamos nosotros a buscar a Chiqui.

—Y le espiamos.

—Y descubrimos las palabras mágicas. **(8)**

—Y les decimos a nuestros padres que las aprendan.

—O que las compren.

—O que las cocinen.

Por la mañana, Mijito, Nenitalinda, Campeón y Tesorito saltaron de la cama más temprano que nunca.

Se vistieron en silencio y se escabulleron sin despedirse de nadie.

Tal como habían acordado, se encontraron frente al portal de Chiqui. Agachados detrás del seto esperaron.

Enseguida, aparecieron los dos: Chiqui y su papá mago. Y Chiqui le pidió, ni más ni menos, lo de todos los días:

—Papá, no te olvides de darme las palabras mágicas. **(9)**

Entonces, su papá le dio una vuelta por el aire y un montón de besos. Y, además, le dijo:

¡CHIQUI, QUE TENGAS UN DÍA FELIZ!

Los niños vieron una ráfaga de estrellitas de colores volando alrededor de Chiqui. Una a una, se metieron en su bolsillo secreto. Ese que queda muy cerca del corazón. **(10)**

▶•◀▶•◀▶•◀

---

(8) *Pregunta valorativa*: ¿Por qué los niños quieren saber cuáles son las palabras que le dice el papá de Chiqui todas las mañanas? ¿Qué relación tendrán esas palabras que el papá le dice con la cara de Chiqui?

(9) *Predicción*: ¿Cuáles serán las palabras que el papá de Chiqui le dice todos los días?

(10) *Pregunta valorativa*: ¿Por qué creen que eran mágicas para Chiqui?
Para cerrar la lectura, converse con los niños sobre los distintos sentimientos que pueden transmitir las palabras.

Lectura Compartida

¿Qué hace mi papá?

Mi papá cocina.
Mi papá lee el diario.
Mi papá maneja el auto.
Mi papá corta el pasto.
Mi papá lava los platos.
Mi papá me lee un cuento.
Mi papá me abraza.

- Escriba la lectura en un papelógrafo grande, con letra clara y visible para los niños.

- Pegue la lectura en la pizarra o colóquela sobre un atril, cuide de taparla para permitir conversar sobre ella antes de leerla.

- Escriba en una pizarra pequeña el título de la lectura, muéstreselo a los niños y pídales que lean junto con usted, haciendo mucho énfasis en los signos de interrogación. Léalo varias veces junto con todo el curso.

- Respondan la pregunta ¿qué hace mi papá? Dele la oportunidad a varios alumnos para que respondan la pregunta comentando lo que hacen sus papás.

- Destape la lectura e invítelos a leer el título haciendo énfasis en los signos de interrogación, pídale a los niños qué lean en forma de pregunta ¿Qué hace mi papá?

- Lea junto con ellos de izquierda a derecha, guiándose con el puntero.

- Realice la lectura junto con los niños dos o tres veces.

- Pregunte a los niños si alguno de ellos podría ir a mostrar alguna palabra que conozca.

- Escriba en tarjetas las palabras "hace", "cocina", "lee", "maneja", "corta", "lava" "abraza" muéstrelas y pídales que las identifiquen en la lectura.

(Después se pueden pegar en la pared de palabras). Aproveche de trabajar la conciencia sintáctica, destacando las acciones que realiza el papá.

Escritura Interactiva:

¿Qué hace mi papá? con el texto incompleto "Mi papá ...."

- Pegue el papelógrafo para realizar la escritura interactiva, comente a los niños que se ha borrado una parte de la oración.

¿Qué hace mi papá?

Mi papá ....
Mi papá ....
Mi papá ....

- Lea el título y recuerde junto con los niños todo lo que el papá hacía en la lectura compartida.

- Pregúnteles qué cosas hacen los papás de ellos y cómo podrían completar la oración, negocie la respuesta y pídale a un niño que venga a escribir una palabra con la ayuda de todos y del abecedario.

- Mientras el niño escribe, siga trabajando con el resto del curso, separando la palabra en sílabas, en fonemas, buscando palabras que empiecen con el mismo fonema, etc. Una vez que el niño haya terminado, lean todos juntos la oración completa. (En caso de que el niño se haya equivocado, guíelo a descubrir su error, pegue un papel blanco encima del error y solicítele que lo corrija, como apoyo debe estar cerca el abecedario y el listado con los nombres del curso).

- Una vez completada la escritura interactiva, se lee entera guiada por el puntero y se pega en algún lugar visible de la sala.

DÍA 1: SEGUNDO BLOQUE

- Centros / Ciclo de lectura.

- Lectura independiente.

El profesor distribuye a los niños en grupos para que trabajen en centros de aprendizaje. Cada grupo recibe el material y el jefe de grupo es el encargado de organizar y dirigir la actividad, mientras tanto el profesor se sienta con un grupo de tres a cuatro niños del mismo nivel lector y realiza el ciclo de lectura.

Ciclo de lectura: Se ocupa el libro *¿Qué hace mi papá?*

El profesor se sienta junto con los niños seleccionados y les comenta que van a realizar el ciclo de lectura, recuerdan las lecturas realizadas en el bloque anterior y les muestra la portada del libro. Realizan predicciones acerca de qué tratará el libro, describen la imagen, luego la profesora lee el título, identifican el título y el autor.

El profesor realiza una lectura en voz alta del libro, mostrando las ilustraciones una vez que haya leído cada página, se comentan, se predice qué otra actividad podrá realizar el papá, se establecen conexiones con las actividades que realizan los papás de ellos, se clarifica el significado de algunas palabras y, al finalizar, se les pregunta a los niños cuál de las actividades que realiza el papá prefieren ellos.

Mi papá cocina. Mi papá lee el diario. Mi papá maneja el auto. Mi papá corta el pasto.

Mi papá lava los platos. Mi papá me lee un cuento. Mi papá juega fútbol Mi papá me abraza.

Una vez finalizada la lectura en voz alta del libro, la profesora junto con los niños realiza una lectura compartida del libro. La docente va guiando la lectura con un lápiz; una vez finalizada, puede realizar algunas preguntas tales como: ¿Cuáles creen ustedes que serán las actividades que más le gustarán al niño? ¿Qué podrá cocinar el papá? ¿Qué cuento leerá? ¿Qué noticias creen que vienen en el diario?, etc.

Cuando termina la lectura compartida, la profesora le entrega a cada alumno del grupo una copia del libro *¿Qué hace mi papá?* y les pide que lean juntos el título, después le pide a cada uno de los niños que identifique alguna palabra del título. Les pide que pasen a la página 3 y allí los niños observan la imagen y leen la oración, lo ideal es que cada niño lea a su propio ritmo y el profesor vaya guiando y apoyando. Cuando terminan, el docente les solicita que realicen algunas actividades, por ejemplo: ¿Quién me puede mostrar dónde está escrita la palabra papá? ¿Cuántas veces aparece la palabra papá escrita en el libro? ¿Qué deporte practica el papá? ¿En qué página aparece? ¿Qué dice? Abran la página 8, ¿cuántas palabras tiene esta oración? ¿Cuál es la primera palabra? ¿Cuál es la última? ¿En qué página hay una oración que tiene cinco palabras? ¿Qué palabras empiezan con "p"?

Centros de Aprendizaje: Mientras la profesora trabaja con un grupo de niños en el ciclo de lectura, el resto del curso trabaja de forma autónoma en centros de aprendizaje.

En esta ocasión se han elegido los siguientes centros:

- Centro de formación de oraciones: En una caja, el docente tiene tarjetas con todas las palabras que contenía el libro de lectura guiada *¿Qué hace mi papá?* La idea es que los alumnos junten palabras para construir diferentes oraciones.

- Centro de imágenes: A partir de las mismas imágenes que aparecían en el libro, los niños pueden escribir oraciones o, en caso contrario, parear la imagen con oraciones ya escritas.

- Bingo: En este centro hay varios tarjetones que contienen palabras ya estudiadas y un set de cartones (como los de bingo) con las palabras, el jefe de grupo dicta las palabras y gana el alumno que complete primero el cartón.

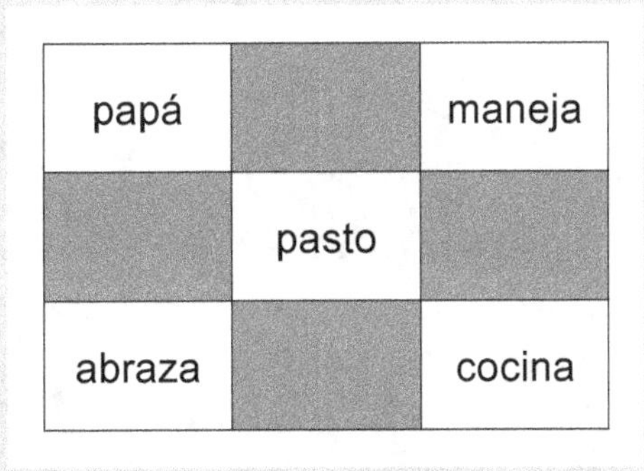

Lectura Independiente:

La profesora les solicita a algunos niños que lean en forma independiente la pared de palabras, a otros, la lectura compartida que está en el atril y a otros, el libro que leyeron en el ciclo de lectura.

CAPÍTULO VI

SECUENCIAS DIDÁCTICAS PARA ENSEÑAR A LEER Y A ESCRIBIR

Entenderemos como secuencia didáctica una planificación estratégica de una serie de actividades a seguir, con el fin de alcanzar objetivos y propósitos muy concretos que ordenen y guíen el proceso de enseñanza aprendizaje. Todas las actividades deben compartir un hilo conductor que posibilite a los estudiantes desarrollar su aprendizaje de forma articulada y con coherencia. El profesor guía a los alumnos y les ofrece los apoyos para que ellos, de forma autónoma, construyan sus propios conocimientos.

El programa AILEM UC propone una rutina para abordar cada secuencia didáctica; en ella se distribuyen las estrategias a lo largo de la semana, tal como se explica en el capítulo anterior.

Cabe recordar que la sala de clases constituye un recurso más de aprendizaje en la cual los espacios se organizan de acuerdo con las estrategias que se trabajen; es una sala que cuenta con numerosos abecedarios, pared de palabras, textos auténticos, lecturas compartidas, escrituras interactivas, producciones escritas de los niños, biblioteca de aula, materiales para centros de aprendizaje, entre otros.

SECUENCIAS DIDÁCTICAS

La propuesta AILEM UC sugiere iniciar la enseñanza de la lectura y escritura a través del desarrollo de cuatro secuencias: La primera de ellas está relacionada con el nombre propio, la que tendrá una duración de dos a cuatro semanas, dependiendo del nivel de desarrollo de los estudiantes. La segunda está conformada por ocho lecturas con estructuras predecibles (textos en los cuales se repiten ciertos patrones que finalmente pueden ser inferidos por los niños), cada lectura debe trabajarse durante una semana, por lo que la unidad tendrá una duración de ocho semanas aproximadamente. La tercera contempla el trabajo con textos con diferentes géneros discursivos, la que se desarrollará el resto del año. Finalmente, la cuarta secuencia didáctica incluye los ciclos de lectura y de escritura.

SECUENCIA DIDÁCTICA 1: MI NOMBRE ES

> *El nombre es como una marca indeleble que juega un papel importante en la vida del hombre. El nombre propio es el primer texto que un niño quiere leer y escribir. Es un texto con auténtico significado para el niño: lo designa, marca su territorio, su propiedad y lo identifica.*

Una primera aproximación a la lectura y escritura la constituye el trabajar con los nombres y apellidos de los niños. Estas son las primeras palabras que ellos entienden y con las que se pueden identificar y así pueden hacer la conexión entre letras y una palabra significativa. Esto los lleva a tratar de copiarlos, primero, luego representarlos con grafismos no convencionales y finalmente disfrutan cuando son capaces de escribirlos en diferentes lugares. El nombre es parte de la identidad de cada persona y los niños se sienten orgullosos.

Al inicio del año escolar

Al comenzar la planificación del año escolar, es importante que las educadoras definan ciertos ejes temáticos que les permitirán diseñar las unidades de aprendizaje en torno a temas generadores. Creemos que uno de los primeros temas que debe abordarse está relacionado con el nombre propio, por lo significativo que es para los niños.

FOCOS DE ENSEÑANZA	ESTRATEGIAS
• Lectura • Comprensión de lectura • Conciencia fonológica (fonema inicial, separación de palabras en sílabas, rimas) • Conocimiento del alfabeto • Escritura	• Lectura en voz alta • Lectura compartida • Escritura interactiva • Ciclos de lectura y escritura • Lectura independiente • Escritura independiente • Centros

RECURSOS

- Papelógrafo o cartulina con el nombre de los niños
- Dos sets de tarjetas con el nombre de cada uno de los niños
- Tarjetas con fotos de los niños
- Tarjetas con las letras del abecedario
- Lista de asistencia
- Lectura compartida "Mi nombre es", "Yo soy", "Yo me llamo"
- Papelógrafo para escritura interactiva: "Mi nombre es ....", "Yo soy ....", "Yo me llamo ....".
- Cuentos para lectura en voz alta:
    - "La tortuga sabia", Susana López de Gomara (http://es.scribd.com/doc/36811080/La-Tortuga-Sabia)
    - "¿Qué cómo me llamo?", Elizabeth Segoviano http://www.encuentos.com/derechos-de-los-ninos/que-como-me-llamo/
    - "Mi nombre es hoy", Zo-ho sang http://issuu.com/cuento_de_luz/docs/mi_nombre_es_hoy_issuu
    - "Yo no me llamo Plácido", Silvia Roca http://www.todocuentos.es/cuento/225/yo-no-me-llamo-placido
    - Crisantemo http://rincondelecturas.com/lecturas/20002_crisantemo/20002_crisantemo.php
- Centros (del alfabeto, de los nombres, de escritura, de conciencia fonológica, fichas de trabajo)
- Pizarras pequeñas, plumones
- Libro de lectura independiente "Mi nombre es"

EJEMPLO DÍA 1: PRIMER BLOQUE

ESTRATEGIAS	TEXTO	FOCOS DE ENSEÑANZA
LECTURA EN VOZ ALTA	"La tortuga sabia"	• Comprensión de lectura • Predicciones, activar conocimientos previos, conexiones, clarificar
LECTURA COMPARTIDA	"Yo soy"	• Lectura oral (fluidez) • Conciencia fonológica (sonido inicial, separar palabras en sílabas, palabras que riman)

ESCRITURA INTERACTIVA	"Yo soy ...."	• Completación de oraciones:
		  – Yo soy ....
		  – Yo soy ....
		• Conocimiento acerca de lo impreso (escribir nombres comenzando con letra mayúscula)

EJEMPLO DÍA 1: SEGUNDO BLOQUE		
ESTRATEGIAS	**TEXTO**	**FOCOS DE ENSEÑANZA**
CENTROS	• Centro de los nombres • Centro de rimas • Centro de fonema inicial	• Lectura • Conciencia fonológica
CICLO DE LECTURA	"Yo soy"	• **Primera fase**: Lectura en voz alta (comprensión de lectura) • **Segunda fase**: Lectura compartida (conciencia fonológica / fonema inicial - rima) • **Tercera fase**: Lectura guiada (lectura oral - identificar palabras nuevas) • **Cuarta fase**: Lectura independiente (identificar palabras nuevas)
LECTURA INDEPENDIENTE	• Pared de palabras • Lista con el nombre de los niños • Lectura compartida	• Leer palabras nuevas • Identificar su nombre y el de algunos compañeros del curso

EJEMPLO DÍA 2: PRIMER BLOQUE		
ESTRATEGIAS	**TEXTO**	**FOCOS DE ENSEÑANZA**
LECTURA EN VOZ ALTA	*"¿Qué cómo me llamo?"* Elizabeth Segoviano	• Comprensión de lectura • Predicciones, activar conocimientos previos, conexiones, clarificar, inferir
LECTURA COMPARTIDA	"Yo soy"	• Lectura oral (fluidez) • Conciencia fonológica (sonido inicial, separar palabras en sílabas, palabras que riman)

ESCRITURA INTERACTIVA	"Yo soy ...."	• Completación de oraciones:
		  – Yo soy ....
		  – Yo soy ....
		• Conocimiento acerca de lo impreso (escribir nombres comenzando con letra mayúscula)

EJEMPLO DÍA 2: SEGUNDO BLOQUE		
ESTRATEGIAS	TEXTO	FOCOS DE ENSEÑANZA
CENTROS	• Centro de los nombres • Centro de rimas • Centro de fonema inicial • Centro de escritura	• Lectura • Conciencia fonológica • Escritura
CICLO DE ESCRITURA	"Yo soy ...."	• **Primera fase**: Escritura modelada • **Segunda fase**: Escritura interactiva • **Tercera fase**: Escritura interactiva • **Cuarta fase**: Escritura independiente
ESCRITURA INDEPENDIENTE		• Escribir la oración "Yo soy..." (escribir su nombre)

■ **SUGERENCIA DE ACTIVIDADES**

Inicie cada día leyendo en voz alta uno de los cuentos sugeridos anteriormente u otro seleccionado por usted. Por ejemplo, si parte con el cuento "La tortuga sabia" realice las siguientes actividades:

Lectura en voz alta

Invite a los alumnos a sentarse en proximidad, recuerde las normas de conducta para realizar una lectura en voz alta, luego coménteles que van a leer un cuento que se llama ***"La tortuga sabia"*** y antes de iniciar la lectura realice las siguientes preguntas:

• ¿De qué puede tratarse un cuento que tiene este título? (***hacer predicciones***).

• ¿Qué saben ustedes de las tortugas? ¿cómo son? ¿qué cuentos de tortugas han escuchado? (***activar conocimientos previos***).

• ¿Qué significa la palabra "sabia"? (***clarificar***).

Comience la lectura del cuento:

LA TORTUGA SABIA

Era una tortuga que sabía de todo: qué día empezaba la primavera, quién descubrió América, **(1)** por qué el elefante tenía trompa... y muchas otras cosas más. Sin embargo, el día que cumplió cien años descubrió que no sabía su nombre. **(2)** Y se puso muy, pero muy triste. Tanto que empezó a llorar con grandes lagrimones... —De qué me vale saber tanta cosa —se dijo— si no sé cómo me llamo.

Su amigo el tortugo, que había venido a visitarla y a festejar con ella su cumpleaños, quedó asombradísimo. **(3)** Nunca había visto llorar a una tortuga. Pero en cuanto ésta le contó el motivo, lo comprendió enseguida. Y le aconsejó: **(4)**

—¿Por qué no te vas de viaje, tortuguita sabia? A lo mejor, preguntando y preguntando, encuentras a alguien que sepa decirte tu nombre.

Así fue como la tortuga preparó su valija **(5)** y, siempre llorando, se fue por el mundo a averiguar su nombre. Anduvo y anduvo, pero nadie supo informarla. Ni el elefante Elegante, ni la mariposa Rosa, ni el loro Coro.

Al cumplir doscientos años, llegó de vuelta a su casa. El tortugo la estaba esperando con una torta de doscientas velitas. Y un sobre grande, color rosa. Era una carta de la lechuza Fusa, el más sabio de los animales de este mundo; y en ella le anunciaba que su nombre era... ¡Raquelita!

¡Qué contenta se puso la tortuga!

—¡Raquelita! —murmuró— ¡Raquelita! Parece una campanita.

El tortugo le dio un beso y, muy contentos, se comieron la torta.

Y Raquelita, como tenía hambre, se comió también las velitas.

(1) "¿Ustedes saben quién conquistó América"? (*establecer conexiones*)
(2) ¿Cómo creen que se sintió la tortuga al darse cuenta de que no sabía su nombre? ¿Por qué piensan eso? (*predecir*)
(3) ¿Qué significa la palabra "asombradísimo"? (*clarificar*)
(4) ¿Qué crees que le aconsejó el tortugo? (*predecir*)
(5) ¿Saben lo que significa la palabra "valija"? (*clarificar*)

Después de la lectura

Inicie con los niños un diálogo acerca de qué importancia tiene el saber el nombre, para qué sirve tener un nombre, qué problemas podríamos tener si no tenemos nombre, etc.

Después de verificar predicciones, preguntarles si les llamó la atención el nombre de los personajes del cuento, recordarlos: el elefante Elegante, la mariposa Rosa, el loro Coro y la lechuza Fusa.

Comentar libremente el final del cuento.

Como actividad para la casa se les puede pedir que averigüen con su familia ¿por qué les pusieron ese nombre?

■ ACTIVIDADES PARA LOS DÍAS SIGUIENTES

- Realizar lectura compartida de los nombres de los niños.

  - Lea junto con los niños guiándose con el puntero los nombres de izquierda a derecha.

  - Realice la lectura dos o tres veces.

  - Pregunte a los niños si alguno de ellos podría ir a mostrar su nombre y señalarlo con el "cazapalabras" o enmarcarlo.

  - Seleccione al azar tres o cuatro tarjetas con los nombres de los niños, muéstrelas y léanla todos juntos, luego pídale al niño que tiene ese nombre que vaya a la lectura compartida a buscar y comparar el nombre de la tarjeta con el de la lectura, una vez comprobado que son iguales, pedirle que vaya a pegarla a la pared de palabras bajo la letra correspondiente.

  - Para finalizar, algunos niños podrían pegar al lado de cada nombre la foto correspondiente (continuar los días siguientes con el resto de los nombres del curso).

- En días sucesivos continuar leyendo el listado con los nombres de los niños y realizar actividades de conciencia fonológica.

- Buscan nombres que riman. Por ejemplo: Martina - Valentina - Romina - Marina, Roberto - Alberto, etc.

- Buscan nombres que empiezan con la misma letra.

- Separan en sílabas los nombres. Luego leen sólo los que tienen una sílaba, luego los que tienen dos, los que tienen tres sílabas y así sucesivamente.

- Realizar escritura interactiva con el texto incompleto "Mi nombre es ....", o "Yo soy ....", o "Yo me llamo ....".

   - Pegue el papelógrafo para realizar la escritura interactiva, comente a los niños que se han borrado los nombres y que ellos tienen que pasar a completar la oración escribiendo su nombre. Elija al azar a un niño y pídale que muestre en el listado del curso dónde aparece su nombre y luego que vaya a completar la oración escribiéndolo.

   - Mientras el niño escribe, siga trabajando con el resto del curso, separando el nombre en sílabas, en fonemas, buscando palabras que empiecen con el mismo fonema, etc. Una vez que el niño haya terminado, lean todos juntos la oración completa. En caso de que el niño se haya equivocado, guíelo a descubrir su error, pegue un papel blanco encima del error y solicítele que lo corrija, como apoyo debe estar cerca el abecedario y el listado con los nombres del curso.

   - Una vez completada la escritura interactiva se lee entera con la guía del puntero y se pega en algún lugar visible de la sala.

   - Ordenar a los niños en pequeños grupos para realizar trabajo de centros.

      Centro de los nombres: los niños reciben tarjetas con los nombres de los alumnos del curso y tarjetas con sus fotos y deben juntar cada foto con el nombre correspondiente. Luego deben hacer conjuntos con los nombres que empiecen con la misma letra.

      Centro escribiendo mi nombre: una pizarra pequeña con un plumón y la tarjeta con su nombre escrito y deben copiarlo. Pueden también copiar el nombre de otros niños.

Centro de las rimas: un set de tarjetas con láminas y deben formar parejas con las que riman.

Centro de las sílabas: tarjetas con números (números hasta el cuatro) y tarjetas con los nombres y fotos de los niños. Deben formar grupos de aquellos que tienen una sílaba como Paz, con dos sílabas como Tomás, tres sílabas como Roberto, con cuatro como en Valentina, y así hasta donde encuentren.

Centro del fonema inicial: set de letras del alfabeto y tarjetas con los nombres del curso, deben formar conjuntos de nombres que empiezan con la letra "a", con "b", etc.

– **Descubrir el nombre oculto:** Escriba en una pizarra pequeña una parte del nombre de alguno de los niños del grupo e invítelos a descubrir de qué nombre puede tratarse, que comparen las letras en el listado del curso, deles pistas, etc. (por ejemplo: este nombre tiene tres sílabas, observen .... MI ...., la última letra es A, la primera sílaba es CA... Se trata de CA - MI - LA.

- Realizar lectura independiente ocupando el libro. "Yo soy", "Yo me llamo", "Mi nombre es", etc.

- Realizar escritura independiente, los niños pueden crear su propio libro con los nombres que les gustan, nombres de su familia, etc.

En síntesis, todas las actividades que realicemos con el nombre propio son necesarias, ya que es muy importante que los niños escuchen sus propios nombres y los vean escritos en muchas partes, necesitan una gran cantidad de oportunidades para hacer la conexión entre ellos mismos y la manera como su nombre suena y se ve.

■ **ALGUNOS RECURSOS PARA ESTA UNIDAD**

CUENTOS PARA REALIZAR LECTURAS EN VOZ ALTA

LA TORTUGA SABIA

Susana López de Gomara

Era una tortuga que sabía de todo: qué día empezaba la primavera, quién descubrió América, por qué el elefante tenía trompa... y muchas otras cosas más. Sin embargo, el día que cumplió cien años descubrió que no sabía su nombre. Y se puso muy, pero muy triste. Tanto que empezó a llorar con grandes lagrimones...

—De qué me vale saber tanta cosa —se dijo— si no sé cómo me llamo.

Su amigo el tortugo, que había venido a visitarla y a festejar con ella su cumpleaños, quedó asombradísimo. Nunca había visto llorar a una tortuga. Pero en cuanto ésta le contó el motivo, lo comprendió enseguida. Y le aconsejó:

—¿Por qué no te vas de viaje, tortuguita sabia? A lo mejor, preguntando y preguntando, encuentras a alguien que sepa decirte tu nombre.

Así fue como la tortuga preparó su valija y, siempre llorando, se fue por el mundo a averiguar su nombre. Anduvo y anduvo, pero nadie supo informarla. Ni el elefante Elegante, ni la mariposa Rosa, ni el loro Coro.

Al cumplir doscientos años, llegó de vuelta a su casa. El tortugo la estaba esperando con una torta de doscientas velitas. Y un sobre grande, color rosa. Era una carta de la lechuza Fusa, el más sabio de los animales de este mundo; y en ella le anunciaba que su nombre era... ¡Raquelita!

¡Qué contenta se puso la tortuga!

—¡Raquelita! —murmuró— ¡Raquelita! Parece una campanita.

El tortugo le dio un beso y, muy contentos, se comieron la torta.

Y Raquelita, como tenía hambre, se comió también las velitas.

▶•◀▶•◀▶•◀

¿QUÉ CÓMO ME LLAMO?"

Elizabeth Segoviano

Todo había comenzado cuando mi familia y yo nos mudamos a otro país. Las cosas eran algo extrañas para mí, una nueva casa, una nueva y enorme ciudad, nuevas personas, nuevos lugares... y por si eso fuera poco, era mi primer día de escuela.

A mis relucientes cinco años estaba por descubrir de qué se trataba eso de estar en un salón de clase con un profesor y niños de mi edad. Eso era emocionante... ¡pero también me daban nervios!

Aquella mañana el autobús escolar sonó la bocina y mi abuelo me acompañó hasta la puerta para ayudarme a subir y lo vi diciéndome adiós por la ventanilla. De inmediato los demás niños en el autobús comenzaron a mirarme de pies a cabeza, a susurrar y reírse, pero de repente una voz dulce me llamó.

—Hola ¿eres el nuevo?

—... eso creo ...

—Yo me llamo Ally ¿tú cómo te llamas?

—¡Cállate!

—¿Por qué quieres que me calle? ¡Eres grosero! Ya no me caes bien.

—Pero...

—¡Ya no me hables niño grosero!

Yo no entendía por qué esa niña se había molestado tanto conmigo... aunque probablemente había sido mi culpa, de seguro yo había dicho o hecho algo malo, porque mi abuelo siempre dice que hago todo mal.

Cuando llegamos a la escuela nos formaron en el patio para decirnos a qué salón de clase iríamos y otro niño me dirigió la palabra.

—¡Hola! Creo que vamos a estar en el mismo salón, tenemos a la maestra Lety, ella es muy buena, siempre nos cuenta cuentos, te va a caer bien, yo me llamo Benjamín ¿y tú cómo te llamas?

—¡Quítate!... no ¡Cállate!

—¿Qué te pasa? ¡Grosero! ¿Acaso estás loco?

—Pero... es que yo...

—¡Ya no me hables! ¡Grosero!

Una vez más no podía entender lo que estaba haciendo mal, pero debía ser algo muy malo porque esos niños estaban muy enojados... todo era igual que en mi casa, mis abuelos también se la vivían molestos conmigo... y tampoco entiendo por qué.

Mi maestra nos guió a nuestro salón de clase, nos sentamos en círculo y dijo que debíamos hablar de nosotros y nuestras familias, de dónde veníamos, quiénes éramos, y lo que nos gustaba hacer.

Yo escuchaba muy atento a mis compañeros, lo que decían era interesante, algunos habían ido de vacaciones a inmensos parques de juegos o a la playa, otros hablaban con mucho orgullo de sus hermanos y hermanas o del trabajo que hacían sus padres; pero mientras más se acercaba mi turno de hablar me sentía más y más nervioso, comenzó a dolerme la barriga y las manos se me pusieron frías y pegajosas, entonces la maestra se dirigió a mí y me preguntó cómo me llamaba.

—¿Qué cómo me llamo?... este... lo que pasa es que... si le digo mi nombre se va a enojar conmigo maestra.

—¿Enojarme yo? ¿Sólo por saber tu nombre? ¡Claro que no! ¡Anda no seas tímido! Aquí todos estamos para aprender unos de otros ¿cómo te llamas?

—¿Qué cómo me llamo?... pues... pues me llamo ¡cállate, quítate, estorbas, salte, tonto, grosero!

—¿Dices que te llamas cállate, quítate, estorbas, tonto, grosero?

—Pues... sí..., eso creo.

—Pero pequeño, ese no es un nombre.

—¡Claro que sí! Mis abuelos siempre me dicen así, y hoy dos niños de esta escuela me repitieron que yo era grosero así que también es parte de mi nombre... o eso creo.

—Estoy segura de que tus padres te han dado un lindo nombre.

—No lo sé... tal vez mi nombre se quedó en el país en donde antes viví.

—¿Y de dónde eres?

—Pues... de otro país.

—Sí, pero ¿de dónde?

—No sé.

—No te preocupes pequeño.

El tono dulce y amable de mi maestra me tranquilizó y mis compañeros que antes me habían llamado grosero se disculparon conmigo, pues ellos no sabían que yo pensaba que ¡cállate, quítate, estorbas, tonto, grosero! era mi nombre, aquel día aprendí muchas cosas, pero la más importante es que aprendí que yo tenía derecho de tener un nombre y una nacionalidad, que no estaba bien que me dijeran palabras ofensivas y que yo no era como una hojita de árbol perdida que no pertenece a ningún lugar.

Cuando llegué a casa mis abuelos me preguntaron qué tal me había ido, y yo les conté todo lo que me había pasado.

—Hijito —decía mi abuelo— lamento mucho el que no te hayamos tratado bien, somos chapados a la antigua, pero eso no es excusa para haberte dicho todas esas cosas, eres muy pequeño y los grandes debemos proteger a los pequeños, no sólo porque es lo correcto, sino porque es tu derecho, de ahora en adelante te prometo que todo va a ser diferente.

—Entonces… ¿cómo me llamo?

—Ah tú te llamas…

A la mañana siguiente lo primero que hice al subir al autobús escolar fue gritarle a todo pulmón a mis amigos que mi nombre era Samuel, que tenía cinco años era un niño, me gustaba jugar fútbol y dibujar y era mexicano.

▶•◀▶•◀▶•◀

EJEMPLO DE ALGUNAS FICHAS DE TRABAJO PARA OCUPAR EN CENTROS DE APRENDIZAJE

FICHA Nº1: CONOCIMIENTO DEL ALFABETO

Pinta a la tortuga Raquelita:
a = color amarillo,
r = color rojo,
m = color morado,
v = color verde,
c = color café

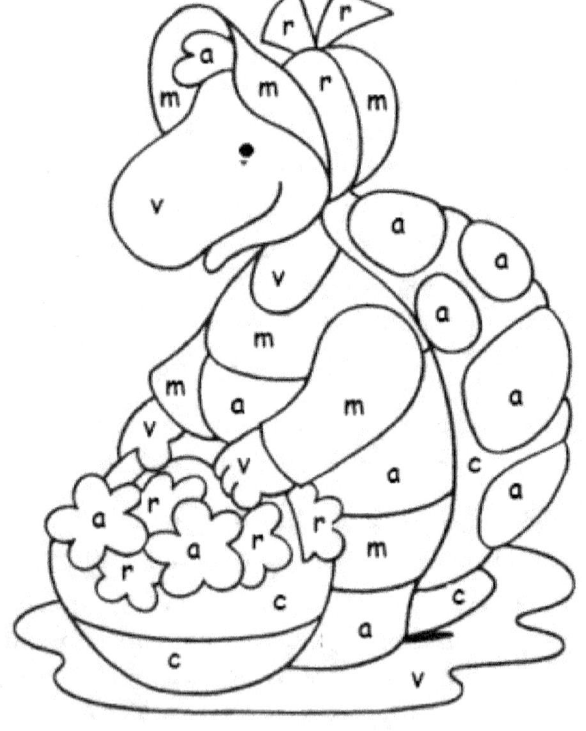

FICHA N°2: ESCRITURA INDEPENDIENTE

Completa las siguientes oraciones escribiendo tu nombre.

Yo soy ....

Mi nombre es ....

Yo me llamo ....

Dibuja a tu mejor amigo o amiga y escribe su nombre.

....

FICHA N° 3: CONCIENCIA FONOLÓGICA - CONOCIMIENTO DEL ALFABETO

Escribir en el recuadro frente a cada nombre la letra inicial

	EMILIA		FERNANDO
	MARIELA		SOFÍA
	LAURA		TOMÁS
	ANA		VALENTINA
	DANIEL		ISABEL
	ROSARIO		CAMILA

FICHA N°4: CONCIENCIA FONOLÓGICA

Junta los nombres que riman. Recorta las tarjetas y pégalas debajo del nombre que rima. Observa el ejemplo.

MARTINA

AGUSTÍN

DANIELA

VALENTÍN	MARIELA	ROMINA
VALENTINA	MARTÍN	MICAELA
CRISTINA	RAFAELA	FERMÍN

EJEMPLOS DE LECTURAS COMPARTIDAS CON EL NOMBRE

Yo soy Ana.
Yo soy Andrés.
Yo soy Facundo.
Yo soy Florencia.
Yo soy Rubén.
Yo soy Raimundo.

Mi nombre es...

Mi nombre es José
y lo digo porque lo sé.

Mi nombre es Sofía
y lo digo aunque me ría.

Mi nombre es Andrés
y lo digo al derecho y al revés.

Mi nombre es Facundo
y lo digo a todo el mundo.

Mi nombre es Fernanda
y lo digo a quien manda.

Yo me llamo

Yo me llamo Romina.
Yo me llamo Camila.
Yo me llamo Elías.
Yo me llamo Felipe.
Yo me llamo Carolina.
Yo me llamo Matías.

EJEMPLO DE LIBRO PARA CICLO DE LECTURA Y LECTURA INDEPENDIENTE

SECUENCIA DIDÁCTICA 2: ESTRUCTURAS PREDECIBLES

Para esta secuencia se proponen ocho lecturas con estructuras predecibles, con temáticas relacionadas con los gustos e intereses de los niños. Esta es sólo una propuesta, los profesores pueden crear sus propias lecturas, atendiendo a las necesidades e intereses de su curso en particular, lo importante es que contengan varias oraciones y en cada oración se repita la misma estructura y sólo vayan variando una o dos palabras.

Las lecturas propuestas son las siguientes:

1. Me gusta.
2. ¿Qué me gusta?
3. ¿Qué leemos?
4. Nosotros podemos.
5. ¿Qué podemos hacer?
6. Nuestras mascotas.
7. ¿En qué te entretienes?
8. ¿Dónde vives?

LECTURA N°1

Me gusta

Me gusta jugar.
Me gusta cantar.
Me gusta bailar.
Me gusta dormir.
Me gusta caminar.
Me gusta pasear.

LECTURA N°2

¿Qué me gusta?

Me gusta jugar con mi abuelo.
Me gusta cantar con mis primos.
Me gusta comer con mi familia.
Me gusta correr con mis hermanos.
Me gusta caminar con mi prima.
Me gusta pasear con mi papá.

LECTURA N°3

¿Qué leemos?

Yo leo un cuento.
Yo leo una poesía.
Yo leo una receta.
Él lee un afiche.
Él lee una carta.
Él lee una boleta.

LECTURA N°4

Nosotros podemos

Yo puedo saltar.
Yo puedo escribir.
Yo puedo mirar.
Tú puedes leer.
Ella puede soñar.
Nosotros podemos pensar.

LECTURA N°5

¿Qué podemos hacer?

Yo puedo leer un cuento.
Mi papá puede reír muy fuerte.
Mi abuelo puede mirar las flores.
Mi hermana puede saltar al cordel.
Mi primo Felipe puede pintar un dibujo.
Yo puedo pensar en lo que vi.

LECTURA N°6

Nuestras mascotas

Yo tengo un perro.
Mi mamá tiene dos gatos.
Mi tata tiene tres loros.
Mi primo tiene una tortuga.
Mi tía tiene cuatro canarios.
Mi amigo Tomás tiene seis conejos.
Mi prima Josefa tiene muchos peces.

LECTURA N°7

¿En qué te entretienes?

Yo juego a la pelota.
Tú saltas al cordel.
Yasna ve televisión.
Pedro juega en el computador.
Nosotros andamos en bicicleta.
Mis amigos juegan a las chapitas.
Nicolás y su abuelita leen cuentos.

LECTURA N°8

¿Dónde vives?

Yo vivo en Chile.
Guadalupe vive en México.
Mis primos viven en Bolivia.
José es peruano.
Zulema y Felipe son colombianos.
Mis vecinos son de Ecuador.
Carlos y María vienen de Argentina.

Cada lectura debe trabajarse aproximadamente durante una semana, enfatizando cada día un foco de alfabetización diferente, de tal manera de evitar que sea sólo memorizada y esto complementado con las diferentes estrategias del programa.

El vocabulario que deben manejar los niños al término de esta secuencia es el siguiente:

abuela	carta	ella	las	papá	qué	un
abuelo	Chile	en	lee	pasear	receta	una
abuelos	colombianos	entretienes	leemos	peces	reír	ve
afiche	computador	escribir	leer	pelota	saltar	vecinos
al	con	familia	leo	pensar	seis	vi
amigo	conejos	flores	lo	perro	son	vive
amigos	cordel	fuerte	loros	Perú	soñar	viven
andamos	cuatro	gatos	mamá	peruano	tata	vivo
Argentina	cuento	gusta	me	pintar	te	yo
bailar	cuentos	hacer	México	podemos	televisión	
bicicleta	de	hermana	mi	prima	tengo	
boleta	dibujo	hermano	mirar	primo	tía	
Bolivia	dormir	hermanos	mis	primos	tiene	
caminar	dos	juegan	muchos	puede	tortuga	
canarios	Ecuador	juego	muy	puedes	tres	
cantar	él	jugar	nosotros	puedo	tú	

Estas palabras deben colocarse gradualmente en la pared de palabras[3] y trabajarlas diariamente con diferentes actividades.

---

3   En el capítulo V se explica detalladamente cómo trabajar la pared de palabras.

■ LECTURA N°1: ME GUSTA

Se inicia el bloque con una lectura en voz alta, ojalá relacionada con la temática de los gustos. A continuación se sugieren algunos cuentos:

- Me gusta como soy

  http://www.guiainfantil.com/servicios/Cuentos/Megustacomosoy.htm

- Me gusta jugar con los libros

  http://www.childrenslibrary.org/icdl/BookReader?bookid=sanjuga_00160022&twoPage=true&route=text&size=0&fullscreen=false&pnum1=1&lang=Spanish&ilang=Spanish

- Me gustan los libros - Anthony Brown

- Lo que me gusta - W.E. Strauss

  http://www.mendhamboro.org/cms/lib02/NJ01000391/Centricity/Domain/111/Level%20A%20Me%20Gusta.pdf

- Cosas que me gustan - Anthony Brown

Después de realizar las actividades relacionadas con el cuento, enfatizando la comprensión de lectura, se realiza la lectura compartida y la escritura interactiva que se detallan a continuación.

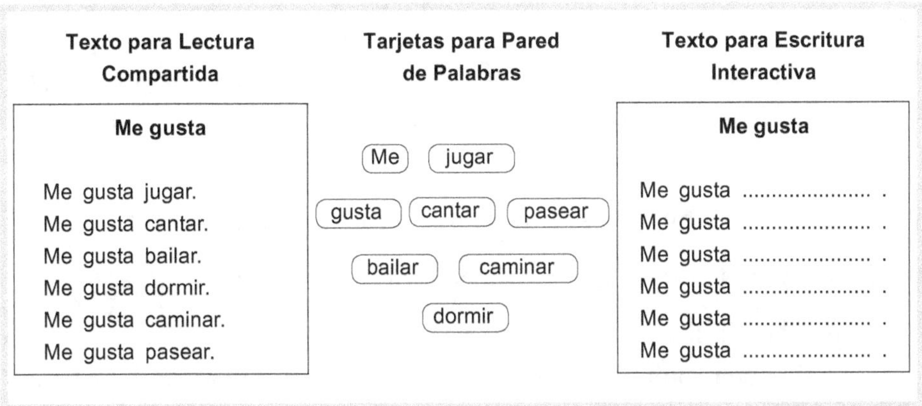

FOCOS DE ENSEÑANZA	ESTRATEGIAS
• Lectura. • Comprensión de lectura. • Conciencia sintáctica (acciones -verbos, completación de oraciones). • Conocimiento acerca de lo impreso. • Conciencia fonológica (fonema inicial).	• Lectura compartida. • Escritura interactiva. • Ciclo de lectura. • Ciclo de escritura. • Centros. • Lectura independiente. • Escritura independiente.

SUGERENCIA DE ACTIVIDADES PARA REALIZAR LECTURA COMPARTIDA "ME GUSTA" CADA DÍA DE LA SEMANA

DÍA 1

Foco de enseñanza: Lectura, comprensión de lectura.

Materiales:

- Texto con lectura compartida visible para todos los niños.
- Tarjetas con cada una de las palabras.
- Pizarra pequeña.
- Puntero.
- "Cazapalabras".

Sugerencia de actividades:

- Se invita a los niños a sentarse adelante para realizar una lectura compartida, se recuerdan las normas de la actividad (la lectura está en un atril, tapada con un papel).

- Conversar libremente acerca de lo que a cada uno le gusta hacer.

- El docente escribe en una pizarra pequeña el título de la lectura.

- Muestra el título escrito en la pizarra y lo lee en voz alta guiándose con un lápiz. Leen en conjunto el título varias veces. El profesor le pide a algunos alumnos que lean la palabra "me", luego la palabra "gusta".

- El docente dice "Me gusta leer" (por ejemplo) y luego pregunta a algunos niños: ¿a ti qué te gusta? Ellos deben responder con la oración completa: "me gusta correr", etc.

- Se destapa la lectura. La profesora guía la lectura con un puntero.

- Leen todos en conjunto alrededor de unas tres o cuatro veces la lectura completa.

- El docente muestra una tarjeta con una palabra de la lectura y la leen en conjunto.

- Luego de leerlas todas, elige una al azar y le solicita a un niño que la lea y vaya a buscarla a la lectura compartida.

- Después de identificar todas las palabras, los niños van a pegarlas a la pared de palabras.

- Para finalizar se vuelve a leer la lectura compartida y se deja en el atril o en la pared de la sala a la vista de los niños.

<u>DÍA 2</u>

Foco de enseñanza: Conciencia sintáctica.

Materiales:

- Texto con lectura compartida "Me gusta".

- Puntero.

Sugerencia de actividades:

- Realizan lectura compartida del texto (recordar que el profesor lee junto con los niños guiando la lectura con el puntero).

- La profesora dice: Niños voy a hacer la mímica de una acción y ustedes deben adivinar qué acción estoy realizando (ejemplos: caminar, reír, saltar, escribir, etc.).

- Luego los alumnos van a identificar las acciones que aparecen en la lectura compartida (puede ser con el cazapalabras, subrayarlas, etc.).

- Para finalizar se vuelve a leer la lectura compartida y se deja en el atril o en la pared de la sala a la vista de los niños.

<u>DÍA 3</u>

Foco de enseñanza: Conocimiento acerca de lo impreso.

Materiales:

- Texto con lectura compartida.
- Puntero.

Sugerencia de actividades:

- Realizan lectura compartida del texto (recordar que la profesora lee junto con los niños guiando la lectura con el puntero).

- Identificar título de la lectura.

- Identificar cantidad de palabras por línea.

- Identificar palabra inicial de cada oración.

- Identificar palabra final de cada oración.

- Identificar punto final de cada oración.

- Contar número de palabras por oración.

- Para finalizar se vuelve a leer la lectura compartida y se deja en el atril o en la pared de la sala a la vista de los niños.

<u>DÍA 4</u>

Foco de enseñanza: Conciencia fonológica.

Materiales:

- Texto con lectura compartida "Me gusta".
- Puntero.
- Lista del curso.

Sugerencia de actividades:

- Realizan lectura compartida del texto (recordar que la profesora lee junto con los niños guiando la lectura con el puntero).

- Buscan palabras que empiezan con una determinada letra, por ejemplo: nombre o apellido de algunos niños del curso que comiencen "m Se busca en la lectura todas las palabras que empiezan con "m", en este caso la palabra "me" que se encuentra repetida varias veces.

- Para finalizar, se vuelve a leer la lectura compartida y se deja en el atril o en la pared de la sala a la vista de los niños.

- Los niños crean el libro de la "m", escribiendo palabras, oraciones, pegando dibujos, etc.

<u>DÍA 5</u>

Foco de enseñanza: Producción escrita, completación de oraciones.

Materiales:

- Texto con lectura compartida.

- Puntero.

- Materiales para realizar escritura interactiva: pliego de papel para realizar la escritura, plumones de varios colores, *masking tape* o tiras de papel para pegar encima de las palabras mal escritas, pizarra pequeña para apoyar el trabajo del resto del grupo, abecedario completo.

Sugerencia de actividades:

- Realizan lectura compartida del texto (recordar que la profesora lee junto con los niños guiando la lectura con el puntero).

- Se coloca un nuevo papelógrafo con el mismo texto, pero con los verbos omitidos.

- Se buscan otras acciones que pudieran completar cada oración, realizando una escritura interactiva.

- Al finalizar se lee la escritura interactiva y se pega en la muralla.

Nota: Tres veces a la semana, el docente realiza el ciclo de lectura con un grupo de tres o cuatro niños, mientras el resto del curso se encuentra en centros. La actividad dura aproximadamente 15 minutos. Se ocupará el libro "Me gusta". Una vez que todo el curso ha pasado por el ciclo de lectura con dicho libro, este se deja en la biblioteca de aula para que los niños puedan leerlo en forma independiente. Los otros dos días, el docente realiza el ciclo de escritura con diferentes grupos.

Mientras el docente trabaja en los ciclos, los niños en forma autónoma ejercitan lo aprendido en los centros de aprendizaje.

Para el ciclo de escritura se puede ocupar un formato semejante al de la escritura interactiva o realizar el libro con palabras que empiezan con un determinado fonema, en esta lectura se proponía la letra "m", también podrían copiar palabras de la pared de palabras.

■ LECTURA N°2: ¿QUÉ ME GUSTA?

Texto para Lectura Compartida	Tarjetas para Pared de Palabras	Texto para Escritura Interactiva
¿Qué me gusta? Me gusta jugar con mi abuelo. Me gusta cantar con mis primos. Me gusta comer con mi familia. Me gusta correr con mis hermanos. Me gusta caminar con mi prima. Me gusta pasear con mi papá.	Qué mis abuelo primos mi hermanos prima familia con hermana hermano papá abuela mamá abuelos	**¿Qué me gusta?** Me gusta jugar con .... Me gusta cantar con .... Me gusta comer con .... Me gusta correr con .... Me gusta caminar con .... Me gusta pasear con ....

FOCOS DE ENSEÑANZA	ESTRATEGIAS
• Lectura.	• Lectura en voz alta.
• Comprensión de lectura.	• Lectura compartida.
• Conciencia fonológica (fonema inicial "p").	• Escritura interactiva.
• Conocimiento acerca de lo impreso.	• Lectura independiente.
• Conciencia sintáctica (género y número, construcción de oraciones).	• Escritura independiente.
• Conciencia semántica.	• Ciclo de lectura.
• Conocimiento del alfabeto.	• Ciclo de escritura.
	• Centros.

<u>DÍA 1</u>

Foco de enseñanza: Lectura y comprensión de lectura.

Materiales:

- Texto de lectura compartida visible para todos los niños.

- Tarjetas con las palabras: "con", "mi", "mis", "papá", "mamá", "hermanos", "abuelo", "prima", "familia".

- Pizarra pequeña.

- Puntero.

- Cazapalabras.

Sugerencias de actividades:

- Se invita a los niños a sentarse adelante para realizar una lectura compartida, se recuerdan las normas de la actividad (el texto que se usará en la lectura compartida está en un atril tapada con un papel).

- Recordar la lectura de la semana pasada.

- La profesora escribe en una pizarra pequeña el título de la lectura.

- Muestra el título escrito en la pizarra y lo lee en voz alta guiándose con un lápiz. Leen en conjunto el título varias veces. Le pide a algunos alumnos que lean la palabra "me", luego la palabra "gusta".

- Le solicita a algunos alumnos que identifiquen estas palabras en la pared de palabras.

- La profesora pregunta: ¿Con quién te gusta jugar? Cuando dicen la palabra "papá", la escribe en la pizarra pequeña y la leen todos juntos. ¿Con quién te gusta cantar? Cuando dicen "hermana", la escribe en la pizarra pequeña y la leen todos juntos, y así sucesivamente con cada una de las oraciones.

- Se destapa la lectura. La profesora guía la lectura con un puntero.

- Leen todos en conjunto alrededor de unas tres o cuatro veces la lectura completa.

- La profesora muestra una tarjeta con una palabra de la lectura y la leen en conjunto.

- Luego de leerlas todas, elige una al azar y le solicita a un niño que la lea y vaya a buscarla a la lectura compartida.

- Después de identificar todas las palabras, los niños las van a pegar a la pared de palabras.

- Para finalizar, se vuelve a leer la lectura compartida y se deja en el atril o en la pared de la sala a la vista de los niños.

- Palabras nuevas para agregar a la pared de palabras: "con", "mi", "mis", "papá", "mamá", "hermanos", "abuelo", "prima", "familia".

<u>DÍA 2</u>

Foco de enseñanza: Conciencia fonológica (fonema "p").

Materiales:

- Texto con lectura compartida.

- Puntero.

- Pizarra pequeña.

- Hojas blancas (para crear los libros) lápices, tijeras, revistas para recortar, pegamento, etc.

Sugerencia de actividades:

- Realizan lectura compartida del texto (recordar que la profesora lee junto con los niños guiando la lectura con el puntero).

- La profesora muestra la letra "p" escrita en la pizarra pequeña, todos la identifican y nombran palabras que comienzan con "p", identifican en la lectura aquellas palabras que comienzan con "p".

- Buscan en la lista de curso, los nombres de los alumnos que empiezan con "p", al igual que sus apellidos.

- Buscan en la sala otros objetos que comiencen con "p".

- Para finalizar se vuelve a leer la lectura compartida y se deja en el atril o en la pared de la sala a la vista de los niños.

- Los niños trabajan creando su libro de las letras escribiendo la letra "p", recortando y pegando palabras que comiencen con "p" y escribiendo aquellas que les gusten.

DÍA 3

Foco de enseñanza: Conocimiento acerca de lo impreso.

Materiales:

- Texto con lectura compartida.
- Puntero.

Sugerencia de actividades:

- Realizan lectura compartida del texto (recordar que profesora lee junto con los niños guiando la lectura con el puntero).

- Identificar título de la lectura.

- Identificar cantidad de palabras por línea.

- Identificar palabra inicial de cada oración.

- Identificar palabra final de cada oración.

- Identificar punto final de cada oración.

- Contar número de palabras por oración.

- Para finalizar se vuelve a leer la lectura compartida y se deja en el atril o en la pared de la sala a la vista de los niños.

DÍA 4

Foco de enseñanza: Conciencia sintáctica.

Materiales:

- Texto con lectura compartida.
- Puntero.
- Tarjetas con palabras.

Sugerencia de actividades:

- Realizan lectura compartida del texto (recordar que profesora lee junto con los niños guiando la lectura con el puntero).

- Destacan en la lectura las palabras que nombraban a las personas con las cuales me gusta hacer las cosas (mamá, papá, tía, abuelo, hermana, primos).

- Se escribe en la pizarra cada una de ellas y luego se lee una: Por ejemplo "tía" y se le pregunta a los estudiantes cómo diríamos si se tratará de un hombre y ahí se escribe "tío", destacar con otro color la letra final de tía y de tío. A continuación, se hace lo mismo con el resto de las palabras, luego se colocan los plurales.

- Lo ideal sería tener tarjetas con dibujos y con las palabras escritas de tal manera que los niños pudieran ir juntándolas.

- También se podrían reemplazar en la lectura compartida las palabras tía por tío, abuelo por abuela, etc.

- Para finalizar, se vuelve a leer la lectura compartida y se deja en el atril o en la pared de la sala a la vista de los niños.

<u>DÍA 5</u>

Foco de enseñanza: Producción escrita.

Materiales:

- Texto con lectura compartida.

- Puntero.

- Materiales para realizar escritura interactiva (pliego de papel para realizar la escritura, plumones de varios colores, *masking tape* o tiras de papel para pegar encima de las palabras mal escritas, pizarra pequeña para apoyar el trabajo del resto del grupo, abecedario completo).

Sugerencia de actividades:

- Realizan lectura compartida del texto (recordar que la profesora lee junto con los niños guiando la lectura con el puntero).

- Se coloca un nuevo papelógrafo con el mismo texto, pero con el complemento omitido. Por ejemplo: Me gusta jugar con ....

- Se buscan otras personas con las cuales a los niños les gustaría realizar cada una de las acciones.

- Al finalizar se lee la escritura interactiva y se pega en la muralla.

- En el ciclo de escritura y en la escritura independiente, los estudiantes podrían construir un árbol genealógico con los miembros de una familia (pueden dibujarlos, utilizar recortes, etc.).

Nota: Cada uno de los días de la semana, la profesora realiza el ciclo de lectura con grupos de tres o cuatro niños, mientras el resto del curso se encuentra en centros. Se ocupará el libro "¿Qué me gusta?". Una vez que todo el curso ha pasado por el ciclo de lectura, el libro se deja en la biblioteca de aula para que los niños puedan leerlo en forma independiente.

Es importante recordar que cada grupo con el cual se realiza el ciclo de lectura debe pertenecer al mismo nivel lector.

■ LECTURA N°3: ¿QUÉ LEEMOS?

Texto para Lectura Compartida	Tarjetas para Pared de Palabras	Texto para Escritura Interactiva
¿Qué leemos? Yo leo un cuento. Yo leo una poesía. Yo leo una receta. Él lee un afiche. Él lee una carta. Ella lee una boleta.	Yo · leo · leemos un · cuento · una Él · lee · afiche receta · Ella carta · boleta	**¿Qué leemos?** Yo leo un .... Yo leo una .... Yo leo una .... Él lee un .... Él lee una .... Ella lee una ....

FOCOS DE ENSEÑANZA	ESTRATEGIAS
• Lectura oral. • Comprensión de lectura. • Conciencia fonológica (sonido inicial-final-n° sonidos en cada palabra). • Conciencia sintáctica (pronombres personales). • Conciencia semántica (sustantivos comunes). • Comprensión de lectura (extraer información literal). • Ortografía acentual (tildes en palabras de uso frecuente). • Ortografía puntual (signos de interrogación). • Conocimiento acerca de lo impreso: Reconocimiento de tipo de texto (macroestructura de cuento y poesía). • Textos auténticos (boleta, afiche, receta).	• Lectura en voz alta. • Lectura compartida. • Escritura interactiva. • Ciclos de lectura y de escritura. • Lectura independiente. • Escritura independiente. • Centros.

A partir de la tercera lectura, sólo presentamos sugerencias de actividades y focos de aprendizaje con el fin de que cada docente adapte las secuencias de clases a las necesidades propias de su curso.

SUGERENCIAS DE ACTIVIDADES

No olvidar que cada día el docente debe planificar sus clases de acuerdo a la rutina presentada:

Primer bloque: Lectura en voz alta (elegida por el docente, enfocándose en la comprensión de lectura), luego la lectura compartida correspondiente a la semana (se selecciona alguno de los focos propuestos) y para finalizar el bloque, una escritura interactiva breve, la que puede completarse en los días sucesivos si la planificación así lo requiere.

Segundo bloque: Ciclo de lectura o escritura, según corresponda, centros de aprendizaje y lectura o escritura independiente.

SUGERENCIA DE ACTIVIDADES

- Conversación a cerca de lo que leemos en la casa, en la escuela, en la calle.

- Caminatas de lectura. ¿Qué podemos leer? (afiches, logos, nombres de las calles, etc.).

- Mostrar diferentes tipos de textos con el fin de que los niños identifiquen las diferentes tipologías por su forma, estructura y propósito.

- Leer y contar palabras en oraciones.

- Observar y comparar: cuento, poesía, etc. y relacionarlos con palabras.

- Lectura de palabras a primera vista.

- Interrogar textos auténticos: boleta, afiche.

- Responder preguntas de comprensión literal.

- Realizar diferentes actividades con las palabras que se incorporarán cada semana a la pared de palabras (leerlas, buscar palabras que riman, separarlas en sílabas, buscar la familia de palabras, etc.).

- Jugar a agrandar oraciones con el conector *Y*. Ej.: Yo leo un cuento *y* una poesía.

- Escritura interactiva de oraciones utilizando conector *y*.

- Escritura interactiva (de innovación cambiando el verbo). Ej.: ¿Qué más podemos hacer con un cuento? Yo ***pinto*** un cuento. Yo ***miro*** un cuento.

- Escritura interactiva o ciclo de escritura, escribiendo preguntas con el fin de utilizar los signos de interrogación.

- Reconocer palabras que llevan tilde en textos ya leídos.

- Buscar palabras que riman, por ejemplo "receta" con "boleta".

- Buscar palabras de una, dos y tres sílabas.

- En esta ocasión se podría enfatizar la letra "l", hacer el libro de la "l", buscar palabras que empiecen con "l", aprender a escribir la "l", etc.

■ LECTURA N°4: NOSOTROS PODEMOS

Texto para Lectura Compartida	Tarjetas para Pared de Palabras	Texto para Escritura Interactiva
Nosotros podemos Yo puedo saltar. Yo puedo escribir. Yo puedo mirar. Tú puedes leer. Ella puede soñar. Nosotros podemos pensar.	Nosotros · saltar puedo · podemos pensar · escribir Tú · mirar · leer puedes · Ella soñar · puede	**Nosotros podemos** Yo puedo .... Yo puedo .... Yo puedo .... Tú puedes .... Ella puede .... Nosotros podemos ....

FOCOS DE ENSEÑANZA	ESTRATEGIAS
• Lectura oral. • Comprensión de lectura. • Conciencia fonológica (segmentación fonética, grupos consonánticos). • Conciencia sintáctica (pronombres personales, singular, plural en pronombres, concordancia en número, verbos). • Conciencia semántica (palabras que identifican partes del cuerpo). • Comprensión de lectura: extraer información literal.	• Lectura en voz alta. • Lectura compartida. • Escritura interactiva. • Ciclos de lectura y escritura. • Centros. • Lectura independiente. • Escritura independiente.

SUGERENCIA DE ACTIVIDADES:

- Responder preguntas tales como: ¿Con qué puedes escribir? Yo puedo escribir con… ¿Qué puedes mirar? ¿Con qué puedes mirar?

- Separar palabras en fonemas, formar palabras a partir de fonemas, agrandar palabras agregando un fonema.

- Buscar otras palabras con grupos consonánticos. Ej.: es**cr**ibir-es**cr**itorio.

- Responder preguntas de comprensión literal del texto.

- Introducir conector ***con*** para agrandar oraciones. Ej.: Yo puedo saltar ***con*** el cordel.

- Escritura interactiva de oraciones del texto, escribir otras oraciones a partir de la pregunta ¿Qué puedes hacer tú? Yo puedo comer.

- Extender oraciones del texto agrandando palabras que representen partes del cuerpo Ej. Yo puedo saltar con las piernas.

■ LECTURA N°5: ¿QUÉ PODEMOS HACER?

Texto para Lectura Compartida	Tarjetas para Pared de Palabras	Texto para Escritura Interactiva
¿Qué podemos hacer? Yo puedo leer un cuento. Mi papá puede reír muy fuerte. Mi abuela puede mirar las flores. Mi hermana puede saltar al cordel. Mi primo Felipe puede pintar un dibujo. Yo puedo pensar en lo que vi.	hacer · leer · reír · saltar · flores · vi · las · cordel · en · dibujo · pintar	**¿Qué podemos hacer?** Yo puedo leer .... Mi papá puede reír .... Mi abuela puede mirar .... Mi hermana puede saltar .... Mi primo Felipe puede pintar .... Yo puedo pensar en ....

FOCOS DE ENSEÑANZA	ESTRATEGIAS
• Lectura oral. • Comprensión de lectura. • Conciencia fonológica (segmentación fonética, palabras con diptongo). • Conciencia sintáctica (pronombres personales, adjetivos numerales). • Conciencia semántica (sustantivos comunes, verbo poder). • Ortografía literal: mayúscula en nombres e inicio de oración.	• Lectura en voz alta. • Lectura compartida. • Escritura interactiva. • Ciclos de lectura y de escritura. • Lectura independiente. • Escritura independiente. • Centros.

SUGERENCIAS DE ACTIVIDADES:

- Diálogo: ¿Qué puede hacer tu mamá? ¿Qué puede hacer tu prima Luisa?

- ¿Con qué puedes escribir? Yo puedo escribir con… ¿Qué puedes mirar?

- Leer palabras y separarlas en fonemas, formar palabras a partir de fonemas, agrandar palabras agregando un fonema.

- Buscar otras palabras con diptongo: abuela-puedo-fuerte.

- Responder preguntas de comprensión literal. Ej.: ¿Quién mira las flores?

- Extraer información literal del texto.

- Escritura interactiva de oraciones con pronombres (yo, **tú**, él, ella, nosotros).

- Escribir usando numerales. Ej.: Yo puedo leer dos cuentos.

- Escritura independiente: ¿Qué puedes hacer **tú**? Yo puedo…

- Escritura de nombres usando mayúsculas.

■ LECTURA N°6: NUESTRAS MASCOTAS

Texto para Lectura Compartida	Tarjetas para Pared de Palabras	Texto para Escritura Interactiva
Nuestras mascotas Yo tengo un perro. Mi mamá tiene dos gatos. Mi tata tiene tres loros. Mi primo tiene una tortuga. Mi tía tiene cuatro canarios. Mi amigo Tomás tiene seis conejos. Mi prima Josefa tiene muchos peces.	tengo perro dos tiene gato amigo tres loro pez tortuga cuatro canario tata conejo peces muchos seis	**Nuestras mascotas** Yo tengo .... Mi mamá tiene .... Mi tata tiene .... Mi primo tiene .... Mi tía tiene .... Mi amigo Tomás tiene .... Mi prima Josefa tiene ....

FOCOS DE ENSEÑANZA	ESTRATEGIAS
• Lectura. • Comprensión de lectura. • Conciencia fonológica (segmentación fonética, combinación consonántica). • Conciencia sintáctica (adjetivo posesivo Mí, plural y singular, adjetivos numerales). • Conciencia semántica (sustantivos comunes que nombran animales, verbo tener). • Ortografía literal: mayúscula en nombres y al inicio de la oración. • Comprensión de lectura.	• Lectura en voz alta. • Lectura compartida. • Escritura interactiva. • Ciclos de lectura y escritura. • Lectura independiente. • Escritura independiente. • Centros.

LECTURA EN VOZ ALTA: La tienda de las mascotas

El cuento se puede encontrar en el siguiente sitio Web: http://www.encuentos.com/autores-de-cuentos-2/la-tienda-de-mascotas-escritores-argentinos-cuentos-infantiles-con-audio-pagina-de-cuentos/

Ejemplo de actividades para antes de la lectura

Actividades

Los alumnos observan la portada del cuento y el título, luego que han transcurrido algunos momentos, la profesora puede realizar algunas preguntas tales como:

- Predecir:

  - ¿Qué tipo de texto creen que podremos leer que lleva ese título?
  - ¿De qué creen que puede tratarse un cuento que tiene esta portada?
  - ¿Qué creen que va a ocurrir en este cuento?

- Clarificar:

  - ¿Qué significa la palabra mascota?
  - ¿Qué es una tienda?

- Activar conocimientos previos:

  - ¿Qué mascota tienen ustedes?
  - ¿Cuál mascota les gustaría tener?
  - ¿Qué cuidados debemos tener con nuestras mascotas?

- Predecir:

  - ¿Qué creen ustedes que va a ocurrir en este cuento?
  - ¿En qué lugar se desarrollará el cuento?
  - ¿Qué mascotas participarán en el cuento?

Preguntas para realizar durante la lectura

- Clarificar:

  - ¿Qué significa picarones y morisquetas?
  - ¿A qué llamamos picarones? ¿De dónde viene esa palabra?

- Predecir:

  - ¿Cuál creen ustedes que será el plan de los animales?
  - ¿Qué creen que van a hacer los animalitos para tener un hogar?

- Visualizar:

  - Cerremos los ojos ¿cómo nos imaginamos la tienda de mascotas y a los animales preparando un plan?

- Predecir:

  - ¿Cuál creen ustedes que será la reacción de las familias cuando vean aparecer otro animalito aparte del que habían comprado?

Actividades para después de la lectura

- Responder preguntas:

  - ¿Qué opinan acerca del plan de los animales?
  - ¿Qué otro plan podrían haber realizado?
  - ¿Cómo creen que habría reaccionado su mamá o su papá si a ustedes les hubiese pasado lo mismo del cuento?

- Organizar debate:

  - "La importancia de cuidar a los animales". "Los animales también necesitan un hogar".

- Escritura interactiva:

  - Crear un afiche que don Cacho podría poner en la vitrina de su tienda para promover el tener una mascota en el hogar.

SUGERENCIAS DE ACTIVIDADES A PARTIR DE LA LECTURA COMPARTIDA

- Juegos con onomatopeyas.

- Lectura en voz alta "La tienda de las mascotas" (sugerencias para el trabajo de este cuento, al final de esta planificación).

- Leer palabras y separarlas en fonemas, formar palabras a partir de fonemas, agrandar palabras agregando un fonema.

- Lectura de numerales.

- Responder preguntas de comprensión literal e inferencial. Ej. ¿Quién tiene más animales? ¿Quién tiene más de dos?

- Escritura de numerales.

- Agrandar oraciones utilizando el conector *Y*. Ej. Mi mamá tiene un gato *y* un perro.

- Escritura interactiva. Nombres de animales.

- Introducir el adjetivo para describir. Ej. ¿Cómo es tu mascota? Mi perro es suave.

■ LECTURA N°7: ¿EN QUÉ TE ENTRETIENES?

Texto para Lectura Compartida	Tarjetas para Pared de Palabras	Texto para Escritura Interactiva
¿En qué te entretienes? Yo juego a la pelota. Tú saltas al cordel. Yasna ve televisión. Pedro juega en el computador. Nosotros andamos en bicicleta. Mis amigos juegan a las chapitas. Nicolás y su abuelita leen cuentos.	te entretienes juego pelota cordel ve televisión mamá computador andamos abuela amigos bicicleta hermana nosotros	**¿En qué te entretienes?** Yo juego .... Tú saltas .... Yasna ve .... Pedro juega .... Nosotros andamos .... Mis amigos juegan .... Nicolás y su abuelita leen ....

FOCOS DE ENSEÑANZA	ESTRATEGIAS
• Lectura oral. • Comprensión de lectura. • Conciencia fonológica (segmentación fonética, combinación consonántica). • Conciencia sintáctica (pronombres, artículos el-la; preposición en-a, conector y). • Conciencia semántica (nombres de personas nombres de objetos, verbos). • Ortografía literal: mayúscula en nombres.	• Lectura en voz alta. • Lectura compartida. • Escritura interactiva. • Ciclos de lectura y de escritura. • Lectura independiente. • Escritura independiente. • Centros.

SUGERENCIAS DE ACTIVIDADES

- Conversación acerca de los juguetes y entretenciones.
- Entrevistar a personas de la familia ¿En qué te entretienes?
- Juegos orales ¿Qué es? ¿Cómo es? Ej.: es una pelota y es redonda y blanda.
- Lectura compartida.
- Ciclo de lectura con el libro "En qué te entretienes".
- Lectura en voz alta: poemas, cuentos, textos informativos.
- Buscar nombres que empiecen igual a… o que terminen igual a…
- Juegos con tarjetas: parear objetos con la palabra correspondiente.
- Escritura interactiva: nombres de juguetes preferidos.
- Escritura independiente:
    - Nominar y describir juguetes.
    - Escribir oraciones sencillas tales como: Mi amiga Tania juega con su muñeca. A mí me gusta jugar con…

■ LECTURA N°8: ¿DÓNDE VIVES?

Texto para Lectura Compartida	Tarjetas para Pared de Palabras	Texto para Escritura Interactiva
¿Dónde vives? Yo vivo en Chile. Guadalupe vive en México. Mis primos viven en Bolivia. José es peruano. Zulema y Felipe son colombianos. Mis vecinos son de Ecuador. Carlos y María vienen de Argentina.	vivo — vive viven — Chile México — Perú Ecuador — de Colombia Argentina — es son — vecinos Bolivia	**¿Dónde vives?** Yo vivo en .... Guadalupe vive .... Mis primos viven .... José es .... Zulema y Felipe son .... Mis vecinos son de .... Carlos y María vienen de ....

FOCOS DE ENSEÑANZA SUGERIDOS A PARTIR DEL TEXTO	ESTRATEGIAS
• Lectura oral. • Comprensión de lectura. • Conciencia sintáctica (pronombres, verbos vivir-ser, sustantivos que identifican países. • Conciencia semántica (nombres de ciudades, gentilicios). • Ortografía literal: mayúscula en nombres de personas y países.	• Lectura en voz alta. • Lectura compartida. • Escritura interactiva. • Ciclo de lectura. • Ciclo de escritura. • Lectura independiente. • Escritura independiente. • Centros.

SUGERENCIAS DE ACTIVIDADES

Comunicación oral

- Conversar acerca de lugares conocidos.

- Conversar acerca de las características de cada país.

- Valorar lo importante que es cada país y el respeto por las personas de otros países.

- Asociar nombres de personajes conocidos y su nacionalidad.

- Asociar banderas con países.

- Escuchar y conversar acerca de cuentos escritos en otros países.

Lectura

- Lectura en voz alta (textos informativos de costumbres típicas de otros países, poemas de autores latinoamericanos, por ej.: María Elena Walsh, leyendas latinoamericanas, etc.).

- Lectura compartida de nombres de países en un planisferio.

Escritura

- Escritura interactiva de nombres de países.
- Escritura independiente: Yo nací en… y soy…

■ OTRO TIPO DE LECTURAS

Para crear o seleccionar las lecturas compartidas los docentes pueden considerar diferentes criterios:

- Seleccionar rimas, trabalenguas o canciones infantiles conocidas por los niños.

- Tomar en consideración la unidad temática que se esté trabajando.

- Crear lecturas con temas relacionados con otros subsectores (problemas matemáticos, textos breves de ciencias, etc.).

- Usar textos propios de la vida escolar (lista con los nombres de los niños, normas de la sala, etc.).

Por ejemplo:

SECUENCIA DIDÁCTICA 3:
CUENTOS TRADICIONALES Y TEXTOS AUTÉNTICOS

Esta secuencia se puede utilizar cuando la mayoría de los estudiantes ya saben leer y escribir, lo que nos permitirá trabajar con textos más complejos, tales como cuentos, rimas, trabalenguas, recetas, invitaciones, afiches, etc. La selección de los mismos, dependerá del nivel del curso, necesidades e intereses del grupo.

A continuación, presentaremos algunos ejemplos.

■ CUENTO LA GALLINITA COLORADA

CUENTO: LA GALLINITA COLORADA

PROPÓSITO: Demostrar comprensión de lo escuchado.

CURSO: Primer y segundo nivel de transición, 1º básico.

ESTRATEGIAS
- Lectura en voz alta.
- Lectura compartida.
- Escritura interactiva.

SUGERENCIAS PARA EL DOCENTE

Antes de leer

- Muestre la portada y haga a los niños describir la imagen: ¿Qué aparece en la portada? ¿Qué animal aparece?

- Formule preguntas que les permitan predecir, como por ejemplo: Miremos el dibujo: ¿De qué se tratará este cuento? ¿Dónde creen que ocurre este cuento?

- Después de escuchar las respuestas de los niños/as, lea el título: "La gallinita colorada". ¿Alguien sabe qué significa la palabra colorada?

Durante la lectura

- Comience a leer el cuento con fluidez y entonación.

- Este cuento se presta mucho para que los niños vayan interactuando activamente, por tal razón, durante la lectura se harán numerosas pausas para que los niños puedan predecir lo que viene a continuación.

LA GALLINITA COLORADA

Érase una vez en una pequeña granja, una gallinita colorada que caminando encontró un grano de trigo. **(1)** Y preguntó:

—¿Quién sembrará este trigo?

—Yo no —dijo el cerdo.

—Yo no —maulló el gato.

—Yo no —dijo el pato estirando su cuello. **(2)**

—Pues entonces, lo haré yo. ¡Clo - clo! —replicó la gallinita colorada. Y fue corriendo a sembrar el grano de trigo.

Gracias al sol y a la lluvia pronto el trigo empezó a crecer asomándose por encima de la tierra. Y siguió creciendo y creciendo, hasta que ya tenía la altura y entonces maduró y era el momento de cortarlo.

Entonces la gallinita preguntó:

—¿Quién cortará este trigo? **(3)**

—Yo no —dijo el cerdo sin moverse de su sitio. **(4)**

—Yo no —dijeron en coro el gato y el pato.

—Pues entonces, lo haré yo. Clo - clo —y la gallinita colorada se dio a la tarea de cortar el trigo maduro.

Llegó el momento de trillar el trigo. Pero...

—¿Quién trillará este trigo? —dijo la gallinita. **(5)**

De nuevo el cerdo dijo: "Yo no".

—Yo no —dijo el gato.

---

(1)   *Clarificación*: ¿Qué es un grano de trigo? ¿Para qué sirve el trigo?
      Predicción: ¿Qué creen ustedes que hará la gallinita con el trigo?
(2)   *Predicción*: ¿Qué creen ustedes que respondió la gallinita?
(3)   *Predicción*: ¿Qué respondió el cerdo?
(4)   *Predicción*: ¿Qué dijeron el resto de los animales?
(5)   *Clarificación*: ¿Qué significa trillar?
      Predicción: ¿Qué dijeron los animales?

—Y menos yo —dijo el pato.

—Entonces, qué más remedio, lo haré yo —Y la gallinita trilla que trilla el trigo.

Llegó el momento de llevar el trigo al molino. Y esta vez la gallinita preguntó:

—¿Quién llevará este trigo al molino para que lo conviertan en harina? **(6)**

—Pues, yo no —dijo el cerdo.

—Yo no —refunfuñó el gato.

—Yo no —dijo el pato.

—Yo lo haré —dijo la gallinita y cuidadosamente llevó el trigo al molino, regresando con una bolsa de harina.

—Y… ¿Quién amasará la harina?" —de nuevo la gallinita preguntó. **(7)**

Y todos en un estruendoso coro le contestaron: "YO NO", y ella sin decir nada más empezó a amasar la harina y con ella horneó un delicioso pan.

—¿Quién comerá este pan? —preguntó la gallinita. **(8)** —¡Yo! —se levantó el cerdo.

—¡Yo! —maulló el gato.

—¡Yo! —dijo el pato extendiendo sus alas.

—Pues NO —les dijo la gallinita colorada—. Lo comeré yo, clo - clo—. Y se llevó el pan y lo compartió con sus pollitos.

Y… colorín colorado, este cuento ha terminado, pasó por un zapatito roto para que mañana les lea otro.

▶•◀▶•◀▶•◀

(6)   *Predicción*: ¿Qué habrá preguntado la gallinita?
(7)   *Predicción*: ¿Qué dijeron los animales?

Después de la lectura

- Al finalizar la lectura, verifique las predicciones realizadas por los niños sobre el tema del cuento: Sofía, tú pensabas que el cuento se trataba de… ¿era así?, ¿por qué?

- Permita que los niños comenten libremente, **no realice las tradicionales preguntas explícitas sobre lo que ocurrió en el cuento**, lo importante es que los niños aprendan a escuchar, seguir la lectura del cuento, disfrutar con la misma y a predecir y a formularse preguntas de lo que pasará a continuación, que es lo que hace un lector experto.

- Se pueden realizar algunas actividades de extensión como por ejemplo:

  - Dramatizar el cuento.

  - Dibujar la parte que más le llamó la atención.

  - Imaginarse cómo habría terminado el cuento si los animales le hubiesen ayudado a la gallinita.

  - Ordenar una secuencia de láminas en que se muestre la elaboración del pan, etc.

A partir del cuento "La gallinita colorada" otro día se puede realizar una lectura compartida de una parte del relato.

SUGERENCIAS DE ACTIVIDADES

- Se coloca un papelógrafo grande en un atril o en la pizarra y se invita a los niños a realizar una lectura compartida.

- La educadora lee junto con los niños guiándose con un puntero.

- Relee la lectura dos o tres veces.

- Formula las siguientes preguntas:

  - ¿Qué encontró un día la gallinita roja?

  - ¿Qué contestó el pato cuando la gallinita les preguntó ¿quién sembrará este trigo?

  - ¿Cómo sabemos cuándo alguien habla en el texto?

- Después de la lectura compartida, invita a los alumnos a realizar una **escritura interactiva** para responder las siguientes preguntas: ¿Quiénes ayudaron a la gallina a sembrar el trigo? (literal). ¿Qué hizo la gallina con el trigo después de desgranarlo? (literal). ¿De qué estaba hecha la masa del pan? (inferencial). ¿Por qué la gallina llevó el trigo al molino? (inferencial). Es importante que antes de escribir, los niños junto con el profesor "negocien" la respuesta y que lo que se escriba corresponda al consenso.

- Después que cada niño escribe, en conjunto leen lo escrito (en caso de errores, descubre junto con los alumnos los errores e invita al mismo niño que escribió a corregirlo).

■ CUENTO: LA TORTILLA CORREDORA

TEXTO: LA TORTILLA CORREDORA

PROPÓSITO: Demostrar comprensión de lo escuchado

CURSO: Primer y segundo nivel de transición, 1º básico

SUGERENCIAS PARA EL DOCENTE

Antes de leer

- Muestre la portada y haga a los niños describir la imagen: ¿qué aparece en la portada?

- Formule preguntas que les permitan predecir, como por ejemplo: Miremos el dibujo: ¿de qué se tratará este cuento? ¿dónde crees que ocurre este cuento?

- Después de escuchar las respuestas de los niños/as, lea el título: "La tortilla corredora" ¿Alguien sabe qué significa la palabra tortilla?

Durante la lectura

- Comience a leer el cuento con fluidez y entonación.

- Este cuento se presta mucho para que los niños vayan interactuando activamente, por tal razón durante la lectura se harán numerosas pausas para que los niños puedan predecir lo que viene a continuación.

LA TORTILLA CORREDORA

Había una vez una familia formada por el papá, la mamá y siete niños, todos de muy buen apetito. **(1)** Un día la mamá preparó una rica tortilla con harina, huevos, mantequilla, leche y azúcar. Cuando tuvo la masa lista, la puso en el horno.

Al sentir en el aire un rico olor, los niños dijeron:

—Mamita querida, ¿nos das un pedacito de tortilla?

—Todavía no —dijo la mamá—, tenemos que esperar que esté crujiente y dorada.

Cuando la tortilla vio aquellas bocas abiertas y aquellos ojos que la miraban con tanta hambre, se asustó muchísimo.

¡No quería que se la comieran! **(2)**

Cuando la mamá abrió la puerta del horno, la tortilla dio un gran salto, rodó hasta la puerta y salió corriendo a la calle lo más rápido que pudo.

—¿Adónde vas? —gritó la mamá. Y tomando una cuchara de palo, salió persiguiendo a la tortilla. Su marido y sus hijos corrieron tras ella, gritando a la gente que pasaba por la calle:

—¡Paren a esa tortilla! ¡Paren a esa tortilla!

Pero la tortilla corría tan rápido que muy pronto quedaron atrás. Volvieron a su casa muy tristes y esa noche sólo comieron pan duro.

A poco rodar, la tortilla se encontró con un anciano que le dijo:
—¿Adónde vas tan rápido? Para y deja que te coma un pedacito. ¡Tengo mucha hambre! **(3)**

—¡Oh, no! —dijo la tortilla—. Acabo de escaparme de una mamá, un papá y siete hijos, todos con hambre... ¿Y quieres que me deje comer por ti?

(1) *Clarificar*: ¿Qué significa apetito?
(2) *Predicción*: ¿Qué creen ustedes que va a hacer la tortilla para que no se la coman?
(3) *Predicción*: ¿Qué creen que respondió la tortilla?

Y siguió rodando. Poco después le salió al encuentro un hermoso gallo.

—¿Adónde vas tan rápido? —dijo el gallo—. Para un poco y deja que te coma un pedacito. ¡Tengo mucha hambre! **(4)**

—¡Oh, no! —dijo la tortilla—. Acabo de escaparme de una mamá, un papá, siete hijos y un anciano, todos con mucha hambre... ¿Y quieres que me deje comer por ti?

Y echó a correr a toda velocidad. Rueda que te rueda, tropezó con una gorda gallina que estaba al lado del camino.

—¿Por qué corres así? —dijo la gallina—. Para un poco y deja que te coma un pedacito. ¡Tengo mucha hambre! **(5)**

—¡Oh, no! —dijo la tortilla—. Acabo de escaparme de una mamá, un papá, siete hijos, un anciano y un gallo, todos hambrientos... ¿Y quieres que me deje comer por ti?

Y siguió corriendo lo más rápido que podía, cada vez más enojada porque hubiera tanta gente que quisiera comerla.

Rodando, rodando, llegó a una laguna y se encontró con un pato.

—¿Adónde vas, tortilla? —dijo este—. Para un poco y deja que te coma un pedacito. ¡Tengo mucha hambre! **(6)**

—¡Oh, no! —dijo la tortilla—. Me he escapado de una mamá, un papá, siete niños, un viejo, un gallo y una gallina... ¿Y quieres que me deje comer por ti?

La tortilla estaba empezando a cansarse... Pero siguió rodando lo más rápido que pudo. Un poco más allá, le salió al paso un inmenso ganso.

—¿Por qué corres tan rápido? —le dijo el ganso—. Para un momento y deja que te coma un pedacito. ¡Tengo mucha hambre! **(7)**

---

(4) *Predicción*: ¿Qué creen que la tortilla le dijo al gallo?
(5) *Predicción*: ¿Qué creen que la tortilla le dijo a la gallina?
(6) *Predicción*: ¿Qué creen que la tortilla le dijo al pato?
(7) *Predicción*: ¿Qué creen que la tortilla le dijo al ganso?

—¡Oh, no! —dijo la tortilla—. He corrido mucho. Me he escapado de una mamá, un papá, siete niños, un viejo, un gallo, una gallina y un pato. ¿Y quieres que me deje comer por ti?

El ganso se abalanzó sobre ella pero no logró atraparla. La tortilla corría y corría y estuvo a punto de tropezar con un gordo cerdo que dormía al sol. **(8)**

—Buenos días, tortilla —dijo el cerdo, abriendo un solo ojo.

— Buenos días, cerdo —respondió la tortilla sin detenerse.

—¿Por qué tan apurada?

—Para que no me comas.

—¿Yo? No te preocupes. No me gustan las tortillas. Te convido a dar una vueltecita por ahí.

Como la tortilla estaba muy cansada, le pareció una buena idea dar un paseíto con el cerdo. Caminaron y caminaron hasta que llegaron a un río. **(9)**

—Ahora lo cruzaremos y seguiremos andando al otro lado —dijo el chancho.

—Yo no podré —dijo la tortilla—. Si me mojo y me empapo, me voy al fondo.

—Tienes razón. Entonces súbete a mi lomo. Yo te pasaré a la otra orilla —dijo el cerdo amablemente.

—¡Gracias! ¡Qué amable eres!

Y diciendo esto, saltó la tortilla al lomo del cerdo. Este torció entonces el cuello, abrió la boca y, de un bocado, se la comió.

Y aquí termina el cuento, porque si ya no hay tortilla, ¿cómo va a seguir?

▶•◀▶•◀▶•◀

---

(8)   *Clarificar*: ¿Qué significa la palabra tropezar?
      Predicciones: ¿Qué le habrá dicho el chancho a la tortilla?
(9)   *Verificar predicciones*: ¿Ocurrió lo que ustedes pensaban? ¿Qué creen que va a pasar?

Después de la lectura

- Al finalizar la lectura, verifique las predicciones realizadas por los niños sobre el tema del cuento: Sofía, ¿tú pensabas que el cuento se trataba de… era así?, ¿por qué?

- Permita que los niños comenten libremente, **no realice las tradicionales preguntas explícitas sobre lo que ocurrió en el cuento,** lo importante es que los niños aprendan a escuchar, a seguir la lectura del cuento, a disfrutar con la misma, a predecir y a formularse preguntas de lo que pasará a continuación, que es lo que hace un lector experto.

- Se pueden realizar algunas actividades de extensión como por ejemplo:

  - Dramatizar el cuento.

  - Dibujar la parte que más les agradó.

  - Imaginarse cómo habría terminado el cuento si el chancho no se hubiera comido a la tortilla.

■ **RECETA: BOLITAS DE NUEZ**

TEXTO: RECETA "BOLITAS DE NUEZ"

PROPÓSITO: Comprensión de lectura
Identificar las partes de una receta
CURSO: 1º ó 2º básico

BOLITAS DE NUEZ

Ingredientes
1 paquete de galletas de vino
1 tarro de leche condensada
100 gr. de nueces
2 cucharadas de chocolate en polvo

Preparación
1- Moler las galletas y las nueces
2- Echar las galletas y las nueces en una fuente

3- Vaciar el tarro de leche condensada en la fuente
4- Revolver bien toda la mezcla
5- Formar bolitas pequeñas
6- Vaciar el chocolate en un plato
7- Revolcar las bolitas en el chocolate
8- Colocar las bolitas en una bandeja y servir

LECTURA COMPARTIDA A PARTIR DE UNA RECETA (el trabajo con esta lectura debe durar varios días).

<u>DÍA 1</u>

- Converse con los niños acerca de la preparación de diferentes comidas, las que les gustan más, cómo debemos prepararlas, etc.

- Dígales que hoy van a leer una receta de cocina y que otro día podrían prepararla entre todos. Hágalos predecir acerca de qué receta creen ellos que leerán, por qué creen eso, etc.

- Coloque el póster de la receta de las bolitas de nuez.

- Pídales que observen el texto y que le digan de qué es la receta. Si no aciertan identifique con ellos los dibujos que aparecen, guíelos hasta que traten de inferir que se trata de bolitas de nuez.

- Muestre con el puntero dónde está el título e invítelos a leerlo junto con usted varias veces.

- Pregunte si conocen alguna palabra. Luego que han identificado todo lo conocido, haga que los niños narren experiencias que tengan con recetas de cocina, libros de recetas, etc.

- Vuelva a leer junto con ellos el título guiando con el puntero.

- Luego lea la palabra ingredientes y la palabra preparación.

- Guíe a los niños para que infieran observando los dibujos y conectando con sus experiencias previas cuáles serán los ingredientes de la receta de las bolitas de nuez.

- Lea junto con ellos los ingredientes.

- Pregúnteles si saben cómo se preparan estas bolitas. Guíe la conversación.

- Lea junto con ellos guiándose con el puntero, todos los pasos de la preparación.

- Lea la lectura compartida dos o tres veces, recuerde hacerlo siempre junto con los niños y guiando con el puntero.

- Deje la lectura en el atril o péguela en la muralla.

<u>DÍA 2</u>

Foco de enseñanza: Conocimiento acerca de lo impreso (características de una receta, partes de una receta).

- Solicíteles a los niños que se sienten adelante, próximos a la lectura compartida.

- Recuerde junto con ellos lo visto anteriormente y pídale a un niño que venga a marcar con un lápiz, plasticina, cinta, etc., el título de la lectura; luego, que otro niño marque donde dice ingredientes y otro donde dice preparación.

- Leen todos juntos la lectura compartida.

- Luego leen el título. Se le solicita a varios niños que vengan a mostrar dónde está el título y que lo lean.

- Leen todos juntos los ingredientes. Varios niños van a mostrar con el puntero donde dice la palabra ingredientes y la leen. Leen guiados por usted los ingredientes.

- Pregúnteles cuáles son los ingredientes de esta receta.

- Leen todos juntos la palabra preparación. Varios niños van a mostrar con el puntero donde dice la palabra preparación y la leen. Leen guiados por usted la preparación.

- Para finalizar leen todos juntos (educadora y niños) la receta completa.

- Deje la lectura en el atril o péguela en la muralla.

<u>DÍA 3</u>

Foco de enseñanza: Comprensión de lectura.

- Solicítele a los niños que se sienten adelante, próximos a la lectura compartida.

- Recuerde junto con ellos lo visto anteriormente.

- Leen todos juntos la lectura compartida.

- Recuerdan los ingredientes que tenía esta receta, un niño viene a marcar la palabra galletas, otro leche condensada, otro nueces y otro la palabra chocolate.

- Escriba en tarjetas las palabras galleta, nuez, leche y chocolate. Léalas con los niños y luego péguelas en la pared de palabras.

- Invítelos a recordar los pasos de la preparación. Lea junto con ellos los pasos, guiándolos con el puntero.

- Para finalizar leen todos juntos (educadora y niños) la receta completa.

- Pegue la lectura en la muralla al alcance de la vista de los niños.

ACTIVIDAD DE EXTENSIÓN: En días posteriores se puede preparar la receta, leyendo los ingredientes y siguiendo los pasos propuestos en la preparación.

También se pueden trabajar otros puntos de enseñanza como es la conciencia fonológica.

Habitualmente en todos los cursos van quedando algunos alumnos rezagados a los cuales el proceso de la lectura y escritura les resulta más complejo, para ellos aconsejamos generar secuencias didácticas ocupando los ciclos de lectura y escritura. A continuación, presentamos un ejemplo:

SECUENCIA DIDÁCTICA 4:
CICLOS DE LECTURA Y DE ESCRITURA

Otra opción interesante para desarrollar la lectura y escritura con lectores iniciales, la constituyen los ciclos de lectura y escritura. En el ciclo de lectura, el docente escoge a un grupo pequeño de niños (entre dos y cuatro) que se encuentren en el mismo nivel lector, se elige un libro adecuado para el nivel y se realizan las estrategias de lectura con el mismo libro.

En el ciclo de lectura, el profesor presenta el libro, luego realiza una lectura en voz alta del mismo, posteriormente junto con los niños realizan una lectura compartida y, a continuación en la lectura guiada, apoya a cada niño en el desarrollo de estrategias efectivas para interrogar el texto basándose en las diferentes pistas que este proporciona. Los niños se centran en la construcción del significado mientras usan estrategias de solución de problemas para descifrar palabras que no conocen, enfrentarse a estructuras lingüísticas más complejas, buscar fuentes de información para encontrar el significado de una palabra; en síntesis, proporciona a los alumnos la posibilidad de desarrollarse como lectores individuales mientras participan de una actividad con apoyo social.

Los libros están elaborados o son seleccionados de acuerdo a criterios incorporados en una matriz (creada por nosotras) que permite ir graduando el nivel de dificultad. Se contemplan aspectos tales como el número total de palabras, número de palabras por página, número de páginas, número de palabras nuevas por página, estructura de las oraciones, fuentes de significado, tipo de ilustraciones, entre otras.

■ EJEMPLO DE UNIDAD: MI FAMILIA

LIBRO: ESTA ES MI FAMILIA

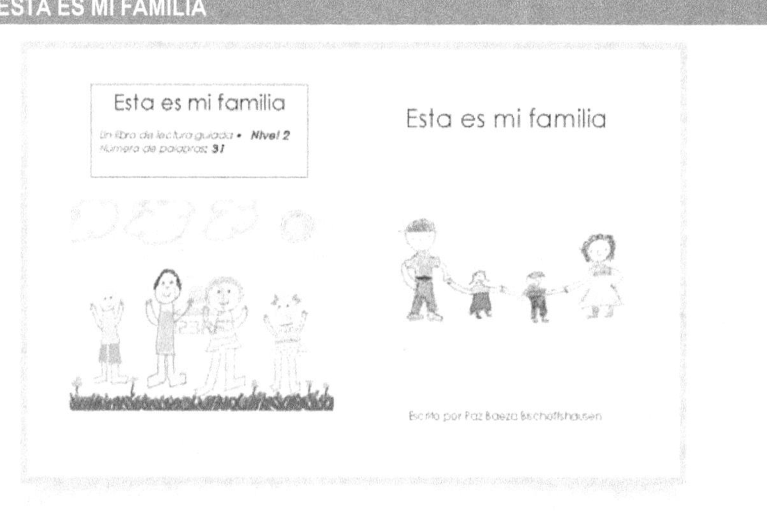

CICLO DE LECTURA

Focos de enseñanza sugeridos a partir del texto

- Comunicación oral.
- Conocimiento acerca de lo impreso.
- Conciencia fonológica.
- Conciencia sintáctica (masculino, femenino, singular, plural).

SUGERENCIAS DE ACTIVIDADES

Presentación del libro

El docente comenta que leerán un libro que tiene esta portada (muestra la portada) y pregunta de qué creen que podrá tratarse el libro. ¿Por qué creen eso? Luego les muestra el título del libro y les pregunta ¿Siguen creyendo que este libro se tratará de…? ¿Por qué piensan eso?

Comunicación oral

- **Establecer conexiones y activar conocimientos previos**. Conversan acerca de sus familias, quiénes la componen, cómo se llaman, etc. Hablan de las diferentes familias que hay: algunas compuestas por un papá, mamá e hijos; otras, sólo con mamá e hijos, etc.

Lectura en voz alta

- El docente muestra la portada del libro e identifican el título, el autor, el ilustrador y la editorial (**conocimiento acerca de lo impreso**). Describen a la familia que aparece en el dibujo; luego, muestra la contraportada, comentan y comparan ambos dibujos.

- Lee en voz alta la página 3 y muestra el dibujo, luego lee la página 4 y muestra el dibujo. Posteriormente pregunta ¿Qué creen que vendrá en la próxima página? (**predecir**). Lee la página 5, muestra el dibujo y verifica las predicciones hechas por los niños (en caso de que algún niño haya acertado en su predicción, le pregunta ¿por qué pensaste que en esta página iba a aparecer el hermano? Lee la página 6, muestra el dibujo y pregunta: ¿Qué creen que vendrá en la próxima página? (**predecir**). Lee la página 7, muestra el dibujo y verifica las predicciones hechas por los niños, luego pregunta: ¿Quién más de la familia podría aparecer? Lee la página 8, muestra el dibujo y verifica predicciones. Antes de leer las páginas 9 y 10, pregunta: ¿Quién creen que aparecerá ahora? Finaliza la lectura recordando entre todos, las personas de la familia que aparecieron y formula las siguientes preguntas:

  - ¿De quién creen ustedes que es esta familia? Muéstrenlo. Fundamentar.

- ¿Por qué creen ustedes que el niño considera al perro como parte de la familia?

- A continuación se invita a los niños a realizar una lectura compartida del mismo libro.

• **Lectura compartida**

- El docente escribe en una pizarrita individual el título del libro, se lo muestra a los niños y les pide que lo lean todos juntos, guía la lectura con un lápiz (a modo de puntero). Después de leerlo dos o tres veces, les pide que muestren la palabra "mi", luego la palabra "familia", luego la palabra "Esta" y por último la palabra "es" (el orden en que se muestran las palabras puede variar).

- Luego, muestra la portada del libro y le dice a los niños que ahora leerán todos juntos el título (cuidando que todos los niños puedan ver la lectura con facilidad). Guía la lectura con un lápiz. Comparan las palabras del título con las de la pizarra.

- A continuación comienza a leer junto con los niños cada página del libro, sin detenerse. Si se estima conveniente, se puede volver a leer todo el libro.

- Se les muestra a los niños tarjetas con las palabras "Esta", "es", "mi", familia", "mamá", "papá", "hermano", "hermana", "yo" (de preferencia que estén escritas con la misma letra del libro: century gothic) y se les solicita que busquen las mismas palabras en el libro. Por ejemplo, la palabra "Esta" ¿dónde está? ¿cuántas veces aparece? ¿quién la encuentra primero? Luego, buscar la palabra "mi" y también la palabra "es", que son las que más se repiten. Una vez encontradas, se pueden ir a pegar las tarjetas a la pared de palabras.

Nota: El trabajo a partir de la lectura compartida puede durar un día o varios dependiendo el nivel de dificultad del libro, de las palabras que el grupo de niños conozca y, obviamente, del foco de aprendizaje.

• **Lectura guiada**

- El profesor entrega un ejemplar del libro a cada niño y le solicita a cada uno que lea en voz alta el título del libro por turno; una vez que tiene la certeza que todos son capaces de leer el título sin ninguna dificultad, les pide que avancen hasta la página 3.

- Se le solicita a un alumno que comience a leer en voz alta y que no se detenga hasta terminar el libro. Cuando el niño va en la página 4, le solicita a otro alumno que empiece a leer desde el principio y así sucesivamente.

Nota: Lo importante en la lectura guiada es que cada niño lea en voz alta, siguiendo su propio ritmo, no se trata de una lectura coral, por esta razón se les pide que comiencen a leer en diferentes momentos. El profesor va escuchando a cada niño y le proporciona los apoyos que requiera ya sea para decodificar una palabra o para corregir algún error; les ayuda utilizando estrategias que les permitirán identificar cada palabra (ver fuentes para enfrentar palabras desconocidas).

- Cuando todos los alumnos han terminado la lectura, se trabaja un foco de aprendizaje. Por ejemplo: Conocimiento acerca de lo impreso: Abran la página 6, ¿Cuántas palabras tiene la oración? Muéstrenme la primera palabra, ¿qué dice?, ¿cuál es la última palabra?, ¿qué viene después de la última palabra? (destacar el punto final). ¿Se fijan que todas las oraciones empiezan con letra mayúscula? Conciencia sintáctica: Lean la oración de la página 3, ahora lean la oración de la página 6, ¿con qué palabra empiezan ambas oraciones?, ¿a quién se refiere la palabra "Esta"? Ahora lean las oraciones de la página 4 y de la página 5, ¿a quién se refiere la palabra "Este"?, ¿por qué se dice "Este" y no "Esta"? (guiar a que concluyan que en el primer caso se refiere a mujeres, género femenino y en el segundo caso a hombres, género masculino. Buscar más ejemplos). En otro momento trabajar los plurales.

- **Lectura independiente:**

  - El profesor le dice a los niños que ahora que cada uno de ellos ya sabe leer ese libro, ahora puede leerlo solo.

  - Los niños regresan a sus puestos y leen el libro en forma independiente. El profesor puede ir registrando cómo lo hace cada uno.

- Posteriormente, los niños podrán realizar alguna actividad de extensión en la cual puedan demostrar su comprensión del libro. Por ejemplo: dibujar a su familia y escribir "Esta es mi familia" o recibir una hoja de trabajo con algunas oraciones y ellos deban realizar el dibujo, etc.

Con los niños no lectores es importante seleccionar o crear un libro del Nivel 1, que tenga menos páginas, en el cual se encuentren una o dos palabras por página. En el caso de esta unidad, el libro podría llamarse solamente "Mi familia" y en cada página sólo colocar una frase por ejemplo: "Mi mamá"; o solamente una palabra: "mamá. También los focos de enseñanza serían menos.

Si tenemos un grupo de niños lectores, el libro seleccionado podría corresponder al nivel 3, 4 **ó** 5 (dependiendo del nivel lector). La temática continuaría siendo la familia, pero el texto sería mucho más complejo, con más información y el foco de aprendizaje sería la fluidez lectora y la comprensión de lectura. En este caso, el ciclo partiría desde la lectura compartida o directamente desde la lectura guiada (cada niño con su respectivo libro).

Mientras el profesor está realizando el ciclo de lectura, el resto del curso se encuentra trabajando en centros. La idea es que cada grupo trabaje de forma autónoma para que el profesor pueda dedicarse sin interrupciones a realizar el ciclo de lectura o de escritura.

ESTRATEGIAS PARA ENFRENTAR PALABRAS DESCONOCIDAS[4]

Estas estrategias ayudan a los lectores iniciales a decodificar, pronunciar y comprender palabras desconocidas. Les permiten enfrentar las palabras desde un ángulo diferente.

- **Pistas que proporciona la imagen**

  Se le solicita al niño que observe la imagen. **¿Existen personas, objetos o acciones en la imagen que podría**n dar sentido a la oración?

- **Pistas que proporcionan los sonidos**

  Solicitarle al niño que observe con qu**é** letra comienza la palabra, se le pide que pronuncie en voz alta el fonema de cada letra de la palabra, luego que

---

4   Basado "What are word attack skills?" http://www.sil.org/lingualinks/literacy/referencematerials/glossaryofliteracyterms/WhatAreWordAttackSkills.htm

junte los fonemas y trate de decir la palabra. ¿Tiene sentido la palabra en la oración? También es importante determinar la duración acústica de la palabra (palabras largas y cortas).

- **Pistas que proporcionan partes de la palabra**

  Solicitar al alumno que observe partes de la palabra (pueden ser prefijos, sufijos, raíz de la palabra, terminaciones, rimas, etc., luego se le pide que lea esa parte de la palabra, luego, que junte las partes y lea la palabra completa. ¿Tiene sentido la palabra en la oración?

- **Pistas que proporcionan las palabras conocidas**

  Se le solicita al niño que piense en una palabra que se parece a la palabra desconocida. Luego que compare la palabra familiar con la palabra desconocida y que decida si la palabra familiar es un fragmento o forma parte de la palabra desconocida. Finalmente que use la palabra conocida en la frase para ver si tiene sentido. Si es así, los significados de las dos palabras son lo suficientemente cercanos como para comprenderla.

- **Pistas proporcionadas por el contexto**

  Se le pide que lea la oración más de una vez y que piense en qué palabra podría tener sentido en la oración. Luego prueba la palabra y comprueba si la oración tiene sentido. Si es así, quiere decir que los significados de las dos palabras son lo suficientemente cercanos como para comprender la oración.

- **Pistas proporcionadas por el conocimiento previo**

  Preguntarle al niño qué sabe acerca de lo que esté leyendo. Determinar si sabe algo que podría darle sentido a esa oración. Leer la oración incorporando la palabra y ver si tiene sentido lo que allí dice.

  Por último, continuar la lectura y ver si la palabra se repite, comparar ambas oraciones y determinar qué palabra podría tener sentido en las dos oraciones.

CICLO DE ESCRITURA

Focos de enseñanza

- Producción escrita.
- Conciencia fonológica.
- Conocimiento acerca de lo impreso.

Materiales

- Pizarra pequeña.
- Papelógrafo con dobleces (para apoyar la escritura).
- Abecedario.
- Plumones
- *Masking tape.*
- Hojas blancas.
- Lápices, goma de borrar, etc.

SUGERENCIA DE ACTIVIDADES

Presentación de la actividad

¿Recuerdan lo que conversamos ayer cuando hicimos el ciclo de lectura? Exactamente, hablamos de la familia, ¿qué les parece que hoy escribamos acerca de nuestra familia?

- **Escritura modelada**

  - El profesor dice: *Vamos a realizar una escritura, ¿qué título le podremos poner?* (el profesor verbaliza lo que va haciendo). *Si estamos hablando de la familia, podría ponerle como título a esta escritura: "Mi familia".*

  - *Yo voy a escribir el título* (todo lo que va realizando el docente lo dice en voz alta). *Tengo que escribir "Mi familia", son dos palabras, empieza con "mi". Voy a ver si esta palabra está en la pared de palabras… sí, ahí está, empieza con "m" y después una "i"… Es un título, por lo tanto tengo que empezar a escribirlo con mayúscula, los títulos siempre se escriben al medio* (el profesor escribe la letra "m" mayúscula, haciendo su sonido y mirándola en el abecedario, luego escribe la i, lee la palabra completa "Mi"). *Ahora tengo que escribir "familia", ¿estará en la pared de palabras? Sí, ahí está* (lo ideal es que la mayoría de las palabras de uso frecuente que se ocuparán, ya se encuentren en la pared de palabras y sean palabras que los niños ya saben leer). *Tengo que dejar un espacio entre la palabra "Mi" y la palabra "familia", voy a colocar mis dos dedos para separarlas, ahora escribo "familia" empieza con f* (mira el abecedario y ve cómo se hace la letra f, la pronuncia, luego continúa de la misma forma con el resto de las letras de la palabra). *Voy a leer lo que escribí: "Mi familia".*

  - El profesor invita a los niños a continuar con la escritura.

- **Escritura interactiva**

  - El docente negocia con los niños lo que se escribirá en la primera oración y va anotando en la pizarra pequeña lo que dicen los niños, hasta llegar a la oración en que todos están de acuerdo. La dice en voz alta.

- Pasa un niño a escribir la primera palabra (o letra, según el nivel en que se encuentra el niño). Se le pregunta con qué letra debe empezar a escribir una oración, se destaca que es con mayúscula. Mientras el niño escribe, el profesor trabaja con el resto del grupo, pueden descomponer la palabra en fonemas, buscar palabras que comiencen con el mismo fonema, etc. Cuando el niño haya terminado de escribir, leen la palabra todos juntos. En caso de que se haya equivocado, el profesor la lee en voz alta y pregunta: "¿Suena bien? parece que vamos a tener que hacer una cirugía". Pega un papel blanco encima y le pregunta al niño: "¿Qué tenemos que poner?". Proporciona los soportes necesarios: abecedario, pared de palabras, descomposición fonémica, etc. Cuando el mismo niño la ha corregido, la vuelven a leer todos juntos.

- Se recuerda la oración que van a escribir y pasa otro niño a escribir otra palabra y así sucesivamente. Cada vez que un niño escribe, todos juntos vuelven a leer todo lo escrito.

- Se le recuerda al alumno que pasa a escribir la última palabra que debe colocar un punto final.

- Una vez que está escrita la oración se vuelve a leer una vez más. El profesor determina el nivel de cansancio de los niños, si se encuentran en condiciones de seguir escribiendo o si finaliza la actividad.

- La escritura interactiva realizada por los niños se pega en algún espacio de la sala de clases.

- **Escritura guiada**

  - El profesor invita a los alumnos a escribir su propio libro de la familia. Cada niño decide qué título le va a poner, recuerdan que la portada del libro lleva el título y el nombre del autor (que en este caso serían ellos).

  - Cada niño recibe dos hojas de papel tamaño carta dobladas y corcheteadas.

- El profesor le pregunta a cada niño qué va a colocar en la portada de su libro y los invita a comenzar.

- Durante la escritura, los niños cuentan con la ayuda del profesor que les da pistas cuando es necesario, tienen el abecedario a mano, pueden pararse a mirar alguna palabra que se encuentra en la pared de palabras, etc.

- El profesor observa el trabajo de cada niño, interviene sólo cuando es necesario.

- Cuando el niño ha terminado de escribir y dibujar la portada del libro, el profesor le solicita que la lea en voz alta.

- Después se les pide que escriban la primera página del libro, que determinen qué oración o qué palabras colocarán, qué dibujo, y que no olviden escribir el número de la página.

- Una vez escrita la primera página, se les pide que la lean y luego regresen a sus puestos.

Nota: En la escritura guiada se pueden escribir diferentes textos y con diversos formatos, la idea es que el niño pueda transferir lo aprendido a través de la escritura modelada e interactiva, con la ayuda y soporte del profesor.

- **Escritura independiente**

  - Cada niño termina su libro en forma independiente.

  - El profesor registra lo que los alumnos van realizando, ayuda a revisar y a corregir errores. Cabe recordar que en la sala de clases deben existir diferentes recursos de apoyo: pared de palabras, lecturas compartidas, escrituras interactivas, abecedarios, etc., para que sea el propio niño el que se autocorrija.

  - Los libros creados por los niños se pueden incorporar a la biblioteca de aula, enviar a la casa, etc.

Nota: Es conveniente realizar con cada grupo el ciclo de escritura completo, la única diferencia es que, en el caso de niños lectores, el tipo de textos que se escribirán serán más complejos y también podrán variar los focos de enseñanza.

Es preciso señalar que las unidades propuestas en este capítulo han sido probadas en contextos específicos, por lo que se sugiere que cada profesor complemente esta propuesta con otros recursos de acuerdo a su realidad y necesidades e intereses de sus estudiantes.

REFERENCIAS BIBLIOGRÁFICAS

Abascal, J. et al. (1993). "La lengua oral en la Enseñanza Secundaria". Lomas, C. y Osorio, A. (coords). *El enfoque comunicativo de la enseñanza de la lengua*. Barcelona: Paidós.

Aguilar, M. (2007). Reflexiones acerca de la habilidad de escuchar en el proceso docente - educativo. http://www.efdeportes.com/ *Revista Digital*. Buenos Aires - Año 11 - Nº106.

Álvarez, T. (2010). *Competencias básicas en escritura*. Octaedro: Barcelona.

Araya, J. (2011). Pautas metodológicas en el abordaje de la oralidad en la escuela primaria costarricense. *Educación 35* (2), 33-49, julio-diciembre, 2011.

Baeza, P. (2011). Lectura en voz alta. *Revista Aula Infantil*. Santiago.

Bajtin, M. (1982). *Estética de la creación verbal*. Siglo XXI Editores: México.

Barracán, C.; Camps, A.; Cardona, M.; Ferrer, J.; Lareula, E.; López del Castillo, L.; Morera, M.; Nussbaum, L.; Peliquín, F.; Rodeiro, M.; Ruiz, U.; Sánchez, M.; Vilà, M.; Vilardell, C. (2005). *Hablar en clase. Cómo trabajar la lengua en el centro escolar*. Barcelona: GRAO.

Bennett-Amistead, Duke y Moses (2005). *Literacy and the youngest learners*. New York: Scholastic.

Bereiter, C. y Scardamalia, M. (1987). *The Psychology of Written Composition.* Hillsdale, N.J: Lawrence Erbaum Associates.

Beuchat, C. (1989). Escuchar es el punto de partida. *Lectura y Vida.* Septiembre, 1989 (20-25). Buenos Aires.

Bigas, M. y Correig, M. (2001). *Didáctica de la lengua en la educación infantil.* Madrid. Editorial Síntesis.

Butlen, M. (2005). Paradojas de la lectura escolar. En: Sociedad Lectora y Educación, *Revista del Ministerio de Educación.* Número especial, Madrid.

Cable, C. (2007). *Spoken Language.* Disponible en web: www.naldic.org.uk/ITTSEAL2/teaching/SpokenLanguage.cfm

Cain, K. (2007). Syntactic awareness and Reading ability: Is there any evidence for a special relationship? *Applied Psycholinguistics*, 28, 679-694.

Caldera, R. (2003). El enfoque cognitivo de la escritura y sus consecuencias metodológicas en la escuela. *Educere*, Vol. 6, 20, pp. 363-368. Venezuela: Universidad de Los Andes.

Caldera, R. (2006). Proposiciones Teóricas para la Enseñanza Aprendizaje de la Escritura en la Educación Básica. *AGORA.* Trujillo Venezuela, año 9, N°17.

Camps, A. (2004). Motivos para escribir. En: Aragena, S. *La composición escrita.* España: Editorial Grao.

Camps, A. y Ribas, T. (2000). *La evaluación del aprendizaje de la composición escrita en situación escolar.* Madrid: Ministerio de Educación.

Cassany, D.; Luna, M.; Sanz, G. (2000). *Enseñar lengua.* Barcelona. Editorial GRAO.

Cassany, D. (1999). *Construir la escritura.* Barcelona, Paidós.

Clay, M.M. (1991). *Becoming literate: The construction of inner control.* Portsmouth, NH: Heinemann Educational Books.

Clay, M.M. (1991). Introducing a new storybook to young readers. *The reading teacher.* 45 (4). December.

Chávez, A.L. (2001). La apropiación de la lengua escrita: un proceso constructivo, interactivo y de producción cultural. *Revista Electrónica Actualidades Investigativas en Educación*, Volumen 1, Número 1.

Chauveau, G. (1997). *Comment l'enfant devient lecteur.* Paris: Retz.

Chauveau, G. y otros (2010). *Comprendre l'enfant apprenti lecteur.* Paris: Retz.

Chall, J.S. (1993). "La investigación respalda los modelos de enseñanza directa". En: *Lectura y Vida*, Año 10 (5) diciembre.

Chile, Ministerio de Educación (2003a). *Programas de Estudio, Primer Año Básico, Nivel Básico 1.* Santiago: Unidad de Currículum y Evaluación Ministerio de Educación. www.mineduc.cl

Chile, Ministerio de Educación (2007b). *Mapas de Progreso del Aprendizaje, Sector Lenguaje y Comunicación, Mapa de Progreso de Lectura.* Santiago: Unidad de Currículum y Evaluación, Ministerio de Educación. www.mineduc.cl

Chile, Ministerio de Educación (2005). *Bases Curriculares de la Educación Parvularia.* Santiago: Unidad de Currículum y Evaluación, Ministerio de Educación.

Chile, Ministerio de Educación (2012). *Bases Curriculares Lenguaje y Comunicación.* Santiago: Unidad de Currículum y Evaluación, Ministerio de Educación.

Colomer, T. y Camps, A. (1996). *Enseñar a leer, enseñar a comprender.* Madrid, Celeste Ediciones/MEC.

Condemarín, M.; Galdames, V. y Medina, A. (1992). *Lenguaje Integrado.* Santiago de Chile: Ministerio de Educación.

Defior, S. (1996). Una clasificación de las tareas utilizadas en la evaluación de las habilidades fonológicas y algunas ideas para su mejora. *Infancia y Aprendizaje*, 1996, 73, 49-63.

Diez, A. (2000). *El aprendizaje de la lectoescritura desde una perspectiva constructivista.* Vol. II. Barcelona: Grao.

Díaz, Q. M. (2009). El lenguaje oral en el desarrollo infantil. *Revista Digital innovación y Experiencias Educativas* Nº14. Enero 2009. Granada.

Disponible en web:www.csi-csif.es/andalucia/modules/mod_ense/revista/pdf/Numero_14/pdf

Ehri, L. (1999). Phases of development in learning to read words. En: Oakhill, J. y Beard, R. (Eds.). *Reading development and the teaching of reading. A psychological perspective.* Blackwell Oxford.

Ferreiro, E.; Teberosky, A. (1989). *Los sistemas de escritura en el desarrollo del niño.* México. Siglo XXI.

Fish, B.; Knell, E. & Buchanan, H. (2007). Teaching literacy to preliterate adults: The top and the bottom. *Tesol: Adult Education Interest Section Newletter,* 5, 2.

Flores, L. (2007). Los conocimientos previos en la alfabetización inicial. *Revista EDUCARE* Vol. 11, 2: Venezuela.

Freeman, Y. (1988). Métodos de lectura en español. ¿Reflejan nuestro conocimiento actual del proceso de lectura? *Lectura y Vida.* Año 9 (5), septiembre.

Freeman, Y. y Sierra, M. (1997). Alternativas positivas para la enseñanza tradicional de la lectura. *Lectura y Vida,* año 18 (2) junio.

Fons, M. (2011). *Leer y escribir. 10 ideas clave para los primeros pasos.* Docentes. Ministerio de Educación. España. www.leer.es.

Fons, M. (2004). *Leer y escribir para vivir. Alfabetización inicial y uso real de la lengua escrita en la escuela.* Barcelona GRAO.

Fons, M. (2004). *Enseñar a leer para vivir.* Universidad de Barcelona. Disponible en http://cursos.cepcastilleja.org/file.php/1/documentos/lectoescritura/leer_para_vivir.pdf

Gibson, L. (1989). *Literacy development in the early years: Through children's eyes.* New York: Teachers College Press.

Goodman. Y.M. (1992). Raíces de la alfabetización. *Infancia y aprendizaje.* Vol. 58, 29-42. Madrid, Aprendizaje.

Goodman, K. (1988). El proceso de lectura: consideraciones a través de las lenguas y el desarrollo. En: Ferreiro, Emilia & Gómez Palacios, Margarita. Eds. *Nuevas Perspectivas sobre los procesos de lectura y escritura.* México: Editorial Siglo XXI.

Gutiérrez, Y. (2013). La compleja tarea de evaluar la oralidad: una propuesta de evaluación autoformativa. *Enunciación* Vol. 18, Nº1/enero-junio 2013, 109-117. Colombia.

Hagg H., Carime (2000). *Enseñanza Inicial de la lectura y la Escritura (EILE). Elementos generales.* Universidad Nacional Autónoma de México. Facultad de Psicología.

Hamayan, E.V. (1994). Language development of low-literacy students. In F. Genesee (Ed.), *Educating second language children* (pp. 278-300). Cambridge: Cambridge University Press.

Harste, J.C.; Short, K.G. & Burke, C. (1988). *The authoring cycle: A theoretical and practical overview.* Portsmouth, NH: Heinemann Educational Books.

Herrera, L. y Defior, S. (2005). Una aproximación al procesamiento fonológico de los niños prelectores: conciencia fonológica, memoria verbal a corto plazo y denominación. *Psykhe* Vol. 14, 2, Noviembre 2005.

Hiebert, E.H. & Fisher, C.W. (1990). Whole language: Three themes for the future. *Educational Leadership*, 47, 62-64.

Jolibert, J. (1991). *Formar niños productores de textos.* Santiago. Editorial Hachette.

Juel, Connie y otros (2009). *Book Buddies: A Tutoring Framework for Struggling Readers.* Guilford Press.

Kauffman, A.M.; Rodríguez, M.E. (1993). *La escuela y los textos.* Santillana.

Kaufman, A.M. (1988). *La lectoescritura y la escuela.* Buenos Aires. Aula XXI.

Kaufman, A.M. (1993). Lengua en grados medios y superiores: aspectos sicogenéticos, lingüísticos y didácticos. *Lectura y Vida*, Año 14 (1), marzo.

Kirkland, L.D.; Patterson, J. (2005). Developing oral language in primary classroom. *Early Childhood Education Journal*, Vol. 32, Nº6, 391-395. Junio 2005.

Koenig, A.J. (1992). A framework for understanding the literacy of individuals with visual impairments. *Journal of Visual Impairment & Blindness*, 86, 277- 284.

Lugarini, E. (1996). Hablar y escuchar. Por una didáctica del "saber hablar" y del "saber escuchar". *Signos. Teoría y práctica de la educación*, N°14, 30-52.

Maruny, L.; Ministral, M.; Miralles, M. (1997). *Escribir y leer.* Madrid. Ministerio de Educación y Ciencia/Edelvives.

Medina, A. (2006). Enseñar a leer y a escribir: ¿En qué conceptos fundamentar las prácticas docentes? *Psykhe*, noviembre año/vol 15 número 002 Pontificia Universidad Católica de Chile. Santiago, Chile, pp. 45-55.

Medina, A. (2009). *Leer y aprender juntos.* Biblioteca de aula 1° y 2° nivel de Transición. MINEDUC. Unidad de Educación Parvularia.

Menéndez, P.M. (s/f). *Aproximaciones conceptuales en torno al hablar y la competencia comunicativa.* Recuperado de: http://biblioteca.idict.villa-clara.cu/UserFiles/File/revista%20varela/rv0615.pdf

Minneapolis Elementary Literacy Framework (2008). *Key Components of speaking and listening.* Recuperado de: http://ela.mpls.k12.mn.us/uploads/Key_Components_of_Speaking_and_Listening_Instruction_2.pdf

Mineduc: http://www.mineduc.cl/zonas/padres/aprendizaje/lectura_inicial.htm

Neuman, S. & Roskos, K. (1993). *Language and literacy learning in the early years: An integrated approach.* Fort Worth, TX: Harcourt Brace Jovanovich.

Nussbaum, L. (1994). De cómo recuperar la palabra en clase de lengua. *Signos. Teoría y práctica de la educación*, 12, 40-47.

Oakhill y Cain (2005). Development of Reading comprehension. En T. Nunes & P. Bryant (Orgs.), *Handbook of Children''s Literacy*, 155-180. Netherlands: Kluwer Academic Publishers.

Pasquier, A. y Dolz, J. (1996). Un decálogo para enseñar a escribir. *Cultura y educación*, 2, 31-41.

Pressley, M. (2006*). Reading instruction that work. The case for balanced teaching*. New York: The Guilford Press.

Quiles C., M. del C. (2006). *La comunicación oral. Propuestas didácticas para la educación primaria*. Barcelona: Octaedro.

Quintanal Díaz, J. (1997). Acerca del método. *Lectura y Vida*, Año 18 (3), septiembre.

Reyes, Yolanda (2007). *La lectura en la primera infancia*. Disponible en http://www.cerlalc.org/redplanes/secciones/biblioteca/reyes_lectura_primera_infancia.pdf

Reyes, Yolanda (2003). El lugar de la literatura en la vida de un lector. Una experiencia de animación a la lectura En *Espantapájaros*. Disponible en http://www.mundoescolar.org/

Rex, E.J.; Koenig, A.J.; Wormsley, D.P. & Baker, R.L. (1994). *Foundations of braille literacy*. New York: AFB Press.

Routman, R. (2004). *Writing Essentials Raising Expectations and Results While Simplifying Teaching*. Heinemann. USA.

Rodríguez, M.E. (1995). "Hablar" en la escuela: ¿Para qué?... ¿Cómo? *Revista Lectura y Vida*, Año 16, N°3, 2-11.

San Martí, N. (2007). *10 ideas clave: Evaluar para aprender*. GRAO. Barcelona.

Solís, M.C.; Suzuki, E.; Baeza, P. (2011). *Niños productores y escritores de textos: un desafío para los educadores*. Ediciones Universidad Católica de Chile. Santiago.

Strickland, D.S. & Morrow, L.M. (Eds.) (1989). *Emerging literacy: Young children learn to read and write*. Newark, DE: International Reading Association.

Smith, F. (1990). *Para darle sentido a la lectura*. Madrid. Aprendizaje-Visor.

Solé, I. (1987). *L'ensenyament de la comprensió lectora*. Barcelona. CEAC.

Solé, S. (1997). *De la lectura al aprendizaje*. Signos, N°20.

Smith, F. (1990). La lectura y su aprendizaje. En: *Comprensión de la lectura: Análisis Psicolingüístico de la lectura y su aprendizaje*. México: Editorial Trillas.

Staab, C. (1992). *Oral language for today's classroom*. Toronto: Pippin Publishing.

Sulzby, E. (1989). *Emergent literacy: Kindergartners write and read, including Sulzby coding system*. (Monograph accompanying videotape by same title, a publication of Computers in Early Literacy (CIEL) Research Project). Ann Arbor, MI.

Teale, W.H. & Sulzby, E. (1989). Emergent literacy: New perspectives. In D.S. Strickland & L.M. Morrow (Eds.), *Emerging literacy: Young children learn to read and write* (pp. 1-15). Newark, DE: International Reading Association.

Strickland, D.; Riley-Ayers, S. (2006). Early Literacy: Policy and Practice in the Preschool Years. En http://www.readingrockets.org/article/11375 Consultado 10 de enero 2011.

Swartz, S. (2010). *Cada niño un lector. Estrategias innovadoras para enseñar a leer y escribir*. Ediciones Universidad Católica. Santiago, Chile.

Swartz, Philip H. and Swartz, Stanley L. (2010). Strategic Literacy Support. The SLS Cycle of Instruction. Recuperado de: http://www.stanswartz.com/sls%20handout.doc

Swartz, S. y otros (2002). *Interactive Writing*. Dominie Press Inc.

Swartz, S. y otros (2002). *Shared Reading*. Dominie Press Inc.

Swartz, S. y otros (2001). *Enseñanza de la lectura y la escritura*. Trillas: México.

Swartz, Stanley & Klei, Adria. Editors (1997). *Research in Reading Recovery*. Heinemann, Portsmouth, NH. USA.

Swartz Philip H. and Stanley L. Swartz (2010). Strategic Literacy Support. Writing Cycle. Recuperado de: http://www.stanswartz.com/Honduras/presentations/8%20sls%20writing.pdf

Tolchinsky, L. (1993). *Aprendizaje del lenguaje escrito*. Barcelona. Anthropos.

Teberosky, A. (1992). *Aprendiendo a escribir*. Barcelona. ICE Universitat Autònoma-Horsori.

Vilà, M. (2005). Hablar para aprender a hablar mejor: el equilibrio entre el uso de la lengua y la reflexión. En: Barracán, C.; Camps, A.; Cardona, M.; Ferrer, J.; Lareula, E.; López del Castillo, L.; Morera, M.; Nussbaum, L.; Peliquín, F.; Rodeiro, M.; Ruiz, U.; Sánchez, M.; Vilà, M.; Vilardell, C. *Hablar en clase. Cómo trabajar la lengua en el centro escolar,* (pp. 29-36). Barcelona: GRAO.

Vinogradov, P. (2008). "Maestra! The letters speak!" *Adult ESL students learning to read for the first time*. Minne/WITESOL, 25.

Vygotsky, L.S. (1981*). Pensamiento y lenguaje*. Buenos Aires. La Pléyade.